U0572376

本丛书得到何东先生独资赞助

‘This series of books is financially supported exclusively
by Mr. Eric Hotung.

20世纪中国文物考古发现与研究丛书

古代漆器

张 荣／著

文物出版社

《20世纪中国文物考古发现与研究丛书》编辑委员会

学术顾问　　启　功　宿　白　朱家溍
　　　　　　傅熹年　李学勤　李伯谦

主　　编　　张文彬
执行主编　　朱启新

编辑办公室　　刘曙光　宋新潮　王立梅　周　成

一　湖北包山 2 号
　　楚墓彩绘漆奁

二　河南信阳楚墓彩绘
　　凤虎漆鼓座摹本

三　湖北随县战国
　　曾侯乙墓彩绘
　　龙凤纹膝盖豆

四　湖北云梦睡虎地秦
　　墓彩绘凤形漆勺

五 湖北江陵凤凰山 168 号汉墓
　　彩绘三鱼纹漆耳杯

六 安徽马鞍山三国
　　朱然墓彩绘季札
　　挂剑图漆盘

七　江苏武进南宋
　　墓戗金仕女图
　　莲瓣形漆奁

八　上海青浦元代
　　任氏墓剔红东
　　篱采菊图漆盒

20世纪中国文物考古发现与研究丛书

序 / 张文彬

  俗称"锄头考古学"的田野考古学的诞生以及中国考古学学科体系的基本完善，由此而引起的古物鉴玩观赏著录向科学的文物学的转变，是20世纪中国学术与文化界的大事。它从材料与方法两个方面彻底刷新了持续了数千年之久的中国古代史学传统，不但为中国学术界和文化界开拓出更加广阔的研究天地，也为一切关心中华民族悠久历史和灿烂文明的人们不断地提供了可贵的精神滋养和力量源泉。

  仰古、述古、探古，进而考古，向来为我国传统文化中一个明显的学术特点。先秦时期诸子百家发其端，汉代司马迁撰写《史记》，北魏郦道元作注《水经》。他们对相关的遗迹遗物，尽可能地做到亲自考察和调查，既能辨史又可补史。这种寻根追源的治学态度，为后世学术上的探古、考古树立了榜样。此后，山河间的访古和书斋式的究古相继开展，特别是对古器物的研究，成了唐、宋时期的文化时尚。不少学者热衷于青铜铭文、碑刻、陶文、印章等古文字的考释，进而有了对器物的辨伪鉴定、时代判断、分类命名等，逐渐兴起了一门新的学问——金石学，涌现出许多著名的古器物鉴赏家和收藏家。只是囿于当时的历史条件，金石学家们无法了解所见文物的出土地点和情况，也难以涉及史前时代漫长的演进历程，因而长期以来始终脱离不了考证文字和证经补史的窠臼。即使如此，他们的艰辛努力和取得的成绩，还是为推动我国传统文化的发展起到了积极作用，并且在事实上也为中国考古学和中国文物学的起步铺设了最早的一段道路。

20世纪初，近代考古学由西方传入。中国学者继承金石学的研究成果，学习并运用西方考古学方法，开始从事田野考古，通过历史物质文化遗存，探寻和认识古代社会，揭示人类社会发展规律。早在1926年，中国学者就自行主持山西南部汾河流域的调查和夏县西阴村史前遗址的发掘。随后，我国学者同美国研究机构合作，有计划地发掘周口店遗址，发现了北京猿人。从1928年起至1937年，连续十五次发掘安阳殷墟遗址，取得了较大收获，引起了国内外学术界的重视。自20世纪50年代以后，随着国家大规模经济建设的进行，田野考古勘探、调查和科学发掘工作在全国范围内蓬勃有序地开展，许多重要的典型遗址和墓地被揭露出来，重大发现举世瞩目。它们脉络清晰，层位分明，文化相连，不仅弥补了某些地域上的空白，而且衔接了年代上的缺环，为研究中国古代史、文化史、科学史以及其他学科领域，提供了珍贵、丰富的实物资料，极大地影响着人文社会科学诸多学科专业的研究与发展。这段时间被学术界称为中国考古学的黄金时代。在马列主义理论指导下，具有中国特色的考古学理论体系和方法论逐渐形成。有关研究成果不仅极大地改变和丰富了人们对中国文明起源、中国古史发展等重大问题的认识，同时也扩展了中国文物的研究领域和研究方式。可以说，考古学的发展与进步，直接影响到文物学的形成与发展，而且影响到全社会对文化遗产重要作用的认识以及世界学术界对中国古代文明的重新认识。

从20世纪80年代开始，文物界就中国文物学的创立，逐渐取得共识，在共同探讨的基础上，初步形成了学科体系。不少学者发表了有关论文，出版了专著，就文物的历史价值、科学价值、艺术价值以及在社会主义的物质文明与精神文明建设中如何对文物进行有效保护、合理利用发表意见。这些研究成果已获得学术界的赞同。

在这世纪之交和千年更替之际，对中国考古学和中国文物事业作一次世纪性的回顾和反思，给予科学的总结，是许多学者正在思考和研究的问题。如果能通过梳理20世纪以来重大发现和研究成果，透视学科自身成长的历程，从而展望未来发展的方向，以激励后来者继续攀登科学高峰，无疑是一件很有意义的事。为此，经过酝酿、商讨和广泛征求意见，我们约请一批学者（其中有相当多的中青年学者）就自己的专长选择一个专题，独立成篇，由文物出版社编辑出版一套《20世纪中国文物考古发现与研究丛书》，并以此作为向新世纪的献礼。

从某种意义上说，《20世纪中国文物考古发现与研究丛书》是一套学科发展史和学术研究史丛书。其内容包括对20世纪考古与文物工作概况的综合阐述；对一些重要的考古学文化和古代区域文化研究情况的叙述；对文物考古的专题研究；对重要的文物考古发现、发掘及研究的个例纪实。

此套丛书的内容面广，而且彼此关联。考虑到各选题在某些内容上难免会有重叠或复述，因此在编撰之初，我们要求各选题之间互有侧重，彼此补充，以期为读者了解 20 世纪中国考古学和文物学的发展提供更多的视角。

我国的文物与考古工作，虽在 20 世纪得到了迅速发展，但仍有许多重大学术问题需要进一步探索。我们主持编辑这套丛书，除了强调材料真实，考释有据，写作态度严谨求实外，也不回避以往在工作或研究上曾经产生的纰漏差错和不足之处，以便为今后的工作和研究提供借鉴。虽然我们尽了很大努力，但限于水平，各篇仍很难整齐划一。由于组稿和作者方面的困难和变化，一些计划中的题目也未能成书。这些不周之处，敬请专家、学者和广大读者批评指正。

在丛书编印过程中，我们得到了文物、考古界的广泛支持。何东先生在出版经费上给予了热情帮助。在此，一并深表感谢。

2000 年 6 月于北京

目　　录

插 图 目 录

前言

　　漆本是从漆树身上割取出来的一种液体，呈灰乳色，一般称为生漆或天然漆，俗称大漆。这种液体的主要成分是漆酸、蛋白质淡气、胶质和水分，所占比例分别为 68.61％、1.89％、6.78％、22.72％。生漆与空气接触后，即起化学反应，表面呈赭色，干涸后变成褐黑色，非常坚固，并具有耐酸、耐热、耐磨和绝缘性等，还具有防腐蚀、防渗透、防潮和防霉等性能。经过提炼加工，生漆可以配制出半透明漆、黑漆、透明漆和油光漆等。其中黑漆和朱漆为最基本色漆，最常用。

　　在我国古代，有着丰富的漆树资源。贵州、四川、云南、湖南、湖北、江西、陕西、河南等地都曾分布着大面积的漆树，使漆的产量非常丰富。漆树一般在生长八、九年后便可以割取漆液，而在气候温暖湿润的南方地区，漆树生长四、五年后也就可以割取漆液了。正是由于我国漆树资源的丰富和易于割取，所以在新石器时代早期，大约距今六、七千年，先民们就已经使用漆了。

　　由于漆液有一种自然的黏性，最初可能只是把漆液当作黏合剂来使用。在原始社会的不少陶器上，人们都发现了对漆液的如此利用。至于对漆液进行提炼加工，因为工艺并不复杂，应当是很快就被先民掌握了。简单地说，将提炼后的漆涂在各种器物的表面，制成日常器具和工艺品，就是人们所说的漆器。

漆器是中国古代先民的伟大发明之一。经过数千年的丰富、完善和发展，漆器已经成为举世瞩目的珍贵的工艺品。这与漆器的轻灵、坚固、耐用以及易于装饰的特性是分不开的。制作漆器一般分为制胎、施漆灰、髹漆、打磨抛光、温室烘烤等工序，其中制胎是基础。漆器的胎有木胎、麻布脱胎、纸胎、竹胎、皮胎、金属胎和陶胎等。将胎制作完成后，还要对胎的雏形进行加工装饰，主要工序是髹漆。髹漆的加工装饰方法主要有平绘、彩绘、堆漆、镶嵌、雕填、描金、雕漆和漆画等。

究竟中国古代是从何时开始制作和使用漆器的，有关的记载很少。据《韩非子·十过篇》记载："尧禅天下，虞舜受之，作为食器，斩山而财之，削锯修之迹，流漆墨其上，输之于宫，为食器，诸侯以为益侈，国之不服者十三。舜禅天下，而传之于禹。禹作祭器，墨染其外，朱画其内。"明代嘉靖、隆庆年间新安名匠黄成撰写了一部关于漆器的专著《髹饰录》。杨明在为该书写的序言中说："漆之为用也，始于书竹简，而舜作食器，黑漆之。禹作祭器，黑漆其外，朱画其内，于此有其贡。周制于车漆饰愈多焉，于弓之六材，亦不可阙。皆取其坚牢其质，取其光彩于文也……"古人说的"舜作食器，黑漆之"以及"禹作祭器，黑漆其外，朱画其内"表明，距今四、五千年的舜、禹时代，食器和祭器（礼器）已经涂漆。据科学的考古发掘证明，舜、禹时代确实已经发现漆器的实物资料了，同时还证实早期制作和使用漆器的年代，比舜、禹时期提前二千多年，即距今六、七千年前的新石器时期。

一 新石器时代漆器

(一) 新石器时代漆器的考古发现

我国新石器时代漆器的发现并不是很多，却足以使人们了解到早期漆器的存在。新石器时代漆器的主要考古发现大致如下：

1. 江苏吴江团结村遗址和梅堰遗址

1955 年，在江苏吴江团结村遗址发现过一件彩绘陶杯。它被有的学者认为是中国最早的陶胎漆器[1]。1959 年，在梅堰遗址中出土了距今四、五千年的两件彩陶，其中一件陶尊上用金黄、棕红两种漆色描绘出两道弦间丝绞纹，另一件用棕红色绘一道纹饰。虽然技法上还有些稚嫩，但已经踏上了用漆彩绘和构图装饰器物之路[2]。

2. 浙江余姚河姆渡遗址

1977 年，在浙江余姚河姆渡遗址的第三文化层中发现了目前所知最早的中国古代木胎漆器。它们是一件漆碗和一件缠藤篾朱漆木筒[3]。

漆碗为木胎，器壁较厚，敛口，圈足外撇呈瓜棱形。碗口径 9.2 - 10.6 厘米，高 5.7 厘米，底径 7.2 - 7.6 厘米。壁外涂有一层薄薄的朱红色涂料，微显光泽。经有关方面用光谱分析鉴定，其光谱图和长沙马王堆汉墓出土漆皮的裂介光谱图相似，确定为漆。

缠藤蔑朱漆木筒，长 32.6 厘米，直径 9.4 厘米，壁厚 0.7 厘米，是用整段的木料加工成形后髹漆而成的。其内外壁均磨错得光亮洁净，器壁厚薄均匀，断面略呈椭圆形。在外壁的两端缠有数道藤蔑，可能是起装饰和加固作用。外壁涂有一层朱漆，虽因久埋地下有所脱落，但残存的漆依稀可见其光泽。

距今六、七千年的河姆渡文化遗址中出土的漆器，是我国至今发现的最早的漆器之一。它们成为中国漆器艺术曙光初现的标志性器物，由此揭开了中国漆器制造史的光辉的一页，在中国古代漆器发展史上占有重要的位置。

3. 江苏常州圩墩遗址

在距今五千年的江苏常州圩墩遗址的第四层，出土有两件喇叭形木器[4]。其中一件上端稍细，下呈喇叭状，内空，器表上端涂黑色，下端涂暗红色，残高 18 厘米。另一件表面涂黑色。两件木器表面所涂的漆微有光泽，表明当时的人们已懂得用漆来保护木器和用两种颜色的漆来装饰器物。这是漆器制作的巨大进步。

4. 辽宁敖汉旗大甸子墓葬

1977 年，中科院考古研究所在距今三千五百年左右的辽宁敖汉旗大甸子墓葬中发现了两件近似觚形的薄胎朱色漆器。这是目前所知中国最早的薄胎漆器，虽然历经近四千年，但色彩依然鲜明，说明其髹漆技艺有了较大的提高[5]。

5. 山西襄汾陶寺墓地

1978 年至 1984 年，在山西襄汾陶寺墓地出土了距今三千八百年至四千年的彩绘木器，外壁施以彩绘，多以红彩为地，用白、黄、黑、蓝、绿等色绘出图案。其中所出的木豆，彩皮剥落时呈卷曲状，与漆皮相似。虽然在出土时绝大部分器物的木胎均已腐朽，但仍可辨别出鼓、圈足盘、长方盘、豆、案、俎、匣等器物。这些器物的出土，对于揭示我国古代北方漆器的起源有着重要的意义，同时也表明当时用色和造型都已经极为丰富[6]。

6. 浙江余杭反山和瑶山良渚文化遗址

1986 年，反山良渚文化遗址中出土了嵌玉漆器[7]。1987 年 5 月，瑶山良渚文化遗址 9 号墓中出土了很多漆皮残痕和二百多颗用于镶嵌的玉料，由此可知的器物有漆碗和嵌玉高柄漆杯。嵌玉高柄朱漆杯，高 29 厘米，口径 11 厘米，圈足直径 12 厘米。它为敞口，圆筒形，下接细而高的喇叭形圈足，如同现代的高足酒杯，髹朱漆。在杯体与圈足的结合处及圈足与近底处的外壁，各镶嵌一面弧凸、一面平整的椭圆形玉珠一周。朱漆与白玉交相辉映，产生了一种前所未有的艺术效果。我国的嵌玉漆器开始走上了漆器制造的大舞台，并越来越流光溢彩[8]。此外，1997 年底在湖北江陵阴湘城大溪文化层中，还发现了漆簪和矢杆各一件[9]。

（二）新石器时代漆器的特点

目前已知的新石器时代漆器的器形有碗、筒、觚、杯、鼓、豆、尊、案、俎、盘、匣、勺、斗等，均以日常生活用具为主。其造型注重实用性，如浙江河姆渡遗址出土的漆木筒为长筒形，两端缠藤篾条加固，以达到牢固实用的效果。山西陶寺出土的木案，平面为长方形，两短边以立板作支架，即牢固又美观大方。这一时期的漆器也有一些是仿照同一时期的陶器造型，如山西襄汾陶寺出土的觚、杯、豆等。

新石器时代漆器的装饰纹样处于漆器发展的原始阶段。在漆器装饰上极其简单，有的只是光素无纹。例如，浙江河姆渡遗址出土的朱漆碗，器表只髹朱、黑漆，尚未有装饰纹样。山西襄汾陶寺出土的漆器外壁施以彩绘，多以红彩为地，用白、黄、黑、蓝、绿等色绘出条带纹、云纹、回纹和几何纹等。其类别和数量很少，纹样也较简单。

新石器时代的漆器胎骨主要以厚木胎为主，制作工艺是挖制和斫制相结合。例如，浙江余姚河姆渡遗址出土的朱漆碗，木胎较厚，器表的瓜棱形和圈足是以斫制为主，器内则采用挖制而成。新石器时代后期，又出现了陶胎漆器，即在陶杯或陶壶的器表髹漆，在江苏吴江有所发现。除此之外，在浙江余杭瑶山出土的朱漆嵌玉高足杯，说明我们的祖先在实用的前提下已经开始注重漆器的造型美。不仅如此，这件漆杯也是我国漆器和玉器工艺相结合的早期标志。

漆器的发明和使用，与人们的生活息息相关，是人们利用自然、改善生活、表达爱美意识的综合体现。它最初是以生活用品为出发点，但在制造过程中又赋予了美的内涵。随着人们对美的认识的提高，漆器所具有的美的特性也越来越丰富，属于良渚文化时期的嵌玉高柄朱漆杯便是最好的证明。

注　释

[1] 转引自沈从文《中国漆艺美术史》，人民美术出版社1992年版。

[2] 江苏省文物工作队《江苏吴江梅堰新石器时代遗址》，《考古》1963年第6期。

[3] 河姆渡遗址考古队《河姆渡遗址第一期发掘报告》，《考古学报》1978年第1

期；《浙江河姆渡遗址第二期发掘的主要收获》，《文物》1980 年第 5 期。

[4] 吴苏《圩墩新石器时代遗址发掘简报》，《考古》1978 年第 4 期。

[5] 王世襄《中国美术全集·工艺美术编 8·漆器》，文物出版社 1989 年版。

[6] 中国社会科学院考古研究所山西工作队等《1978 年—1980 年山西襄汾陶寺墓地发掘简报》，《考古》1983 年第 1 期。

[7] 浙江省文物考古研究所反山考古队《浙江余杭反山良渚墓地发掘简报》，《文物》1988 年第 1 期。

[8] 浙江省文物考古工作队《余杭瑶山良渚文化祭坛遗址发掘简报》，《文物》1988 年第 1 期。

[9] 贾汉清、张正发《阴湘城发掘又获重大成果》，《中国文物报》1998 年 7 月 1 日。

二 夏商西周及春秋漆器

（一）夏商漆器的发现与研究

夏朝建立以后，制漆业逐步走向了成熟和发展之路。目前，夏代漆器的考古发现比较少，已知的有河南偃师二里头遗址[1]和辽宁敖汉旗大甸子墓地发现的漆器[2]。到了商、西周、春秋时期，漆器制造已有了相当高的水平。不过，由于青铜器的广泛使用，漆器还很难列为社会生活中实用器物的主流或代表。

1．夏商漆器的考古发现

1978 年到 1984 年对河南偃师二里头遗址进行了五次发掘，发现了漆匣、鼓、觚、盒、钵等漆器[3]。辽宁敖汉旗大甸子墓地有三十多座墓葬都出土了漆器或漆器碎屑，器形有觚形器、筒形器等，并有经过加工的松石片、蚌片、螺片发现，说明当时已有镶嵌松石和螺钿的漆器[4]。

商代漆器的考古发现地点比夏代多，主要集中在河南安阳殷墟，同时在黄河中下游以及长江中游一带也有发现。其中主要的发现如下：

（1）河北藁城台西村遗址。1973 年开始发掘的河北藁城台西村遗址，其中出土的漆器最能代表商代漆器制作的水平[5]。这个遗址共进行过两次发掘，出土的漆器只有四件，均已腐朽，但从残片观察，器形有长方形盒、圆形盒、盘等，花纹有饕餮纹、夔纹、雷纹、蕉叶纹等，均为朱漆地黑漆彩绘，有的花纹上还镶嵌有磨制成圆形、方圆形、三角形的嫩绿色松石，色彩绚丽鲜明。在 M14 的一件圆盒朽痕中，还发现一段半圆形金饰片，厚度不到 0.1 厘米，正面阴刻云雷纹，显然是原来贴在漆器上的金箔。这说明台西的商代漆器，不仅有镶嵌绿松石的，还有贴金的。除此之外，在晚期居址的 F6 室内外发现漆器残片二十六块，其中两块有彩绘，其他都是先在木胎上用刀雕刻花纹，然后再髹漆、镶嵌，表面呈浮雕式的花纹，有饕餮纹、夔纹、圆点纹、雷纹和蕉叶纹等，在饕餮纹中还镶有绿松石。器形一种是圆形浅腹盘，一种是圆形带盖盒，在一块残片花纹间还有原来安装合叶的痕迹。

（2）湖北盘龙城遗址。1974 年在湖北盘龙城遗址出土的棺椁全朽，清理出的椁板板灰，一面绘有精细的雕花，一面涂朱素面，据此推测当时的棺椁可能已用漆髹饰[6]。

（3）河南罗山蟒张乡天湖村墓地。1979 年和 1980 年，考古工作者先后两次对河南罗山蟒张乡天湖村墓地进行发掘，出土商周墓葬共计四十二座，其中商代晚期墓葬二十二座，出土漆器九件，器形为碗和豆[7]。碗，一件，尖唇，敛口，斜腹，平底，器壁和底部比较厚，口沿下有两道深弦纹，下腹也有一道深弦纹，通体髹黑漆，口径 16.6 厘米，底残。豆，八件，均残破，有的可复原豆柄、豆盘或豆的圈足，漆色鲜艳，里红外黑。

（4）河南安阳殷墟。安阳殷墟是商代晚期政治、经济和文化中心，在墓葬内曾多次发现漆器。其中有西北岗 1217 号大墓、妇好墓、小屯村、郭家庄、侯家庄 1001 号大墓等，但出土的漆器大都残毁。为了进一步肯定妇好墓的年代，中国社会科学院考古研究所安阳工作队对在妇好墓东约 22 米的两座墓进行了发掘，编号为 17 号墓和 18 号墓。17 号墓有椁有棺。椁板西边保存较好。最上层一块保存甚好，厚 11 厘米，高 7 厘米。其表面雕刻花纹，线条为阳纹，较粗，形似龙，但不甚清楚，髹红漆；地纹为阴纹，髹黑漆。内侧面无纹饰，髹红漆。棺木全朽，仅南端漆皮保存较好，黑地红色花纹，纹饰线条很细，其余部分仅见板灰和零星漆皮。棺长 1.9 米，宽 1.2 米[8]。

在山东益都[9]、滕州[10]也有商代漆器发现。

2. 夏商漆器的特点

夏商漆器的品种以生活用具为主。夏代漆器器形有鼓、筒形器、觚、盒和漆棺等。商代漆器的器形有盒、盘、碗、豆、筒形器、钵、觚等日常生活用品，乐器有鼓，兵器有盾、甲、马车及丧葬用的棺椁等[11]。这时的漆盒已有长方形和圆形两种。

夏商漆器上的纹饰主要受当时陶器和青铜器的影响，以动物纹样和几何纹样为主。夏代漆器上的纹饰，可在二里头遗址 12 号墓出土的一件雕花漆器上见到兽面纹。河北藁城商代遗址出土的漆器中已有饕餮纹、夔纹、雷纹、蕉叶纹、弦纹、圆点纹等装饰纹样，并出现了在花纹上镶嵌有磨制成圆形、方圆形、三角形的绿松石，还有的在漆器上贴有金箔。安阳侯家庄 1001 号大墓出土的三件漆盘，盘面两端各有一兽头及两足的动物纹样，是以蚌片、石片、牙片、角片相互配合镶嵌而成的[12]。

目前发现的夏代漆器的胎骨，只有木胎一种。其制作工艺继承了前人的方法，如觚、钵、豆等都是采用挖制和斫制相结合。除此之外，夏代还出现了新的雕刻工艺，如河南偃师二里头遗址出土的雕花漆器残片。

商代漆器的胎骨有木胎、陶胎和铜胎三种，其中以木胎为主，陶胎、铜胎则少见。安阳殷墟出土了一件黑陶罐，其上用红漆绘雷纹、弦纹、三角纹和饕餮纹等图案。河南罗山天湖6号墓出土的铜鼎上有黑漆绘制的蝉纹、夔纹和涡纹等。商代的漆器上还出现了镶嵌工艺和贴金箔技艺。这对人们了解流行于汉代的贴金箔工艺的渊源提供了重要的依据。

商代漆器虽然没有完整的器物出土，但从出土的漆器残片看，商代漆器的造型与同时期的青铜器、陶器有许多相同之处，漆器的装饰花纹也是典型的商代青铜器的纹饰。商代漆器除了描漆，镶嵌、贴金箔等工艺已有所发展。此时，漆工有可能已经成为一项专门的手工业。

（二）西周春秋漆器的考古发现

1. 西周漆器的考古发现

西周漆器自 20 世纪 30 年代以来，在河南、陕西、湖北等省不断有所发现，可惜大都已残坏，不能看到完整的器形。直到 80 年代，通过北京琉璃河燕国西周墓地的发掘，才使人们看到了西周漆器的面貌。西周漆器在中国古代漆器发展史上最大的贡献是有了嵌螺钿工艺。

（1）卫国墓。1933 年，郭宝钧在西周卫国墓中发现了大量的"蚌泡"，形状有方形、圆形、三角形、椭圆形、长方形、弧形、桃形、猴面形、圆柱形和截锥形，数量多达四百二十枚。多数是大幅图案的各个组成部分，在出土时已经扰乱脱落，能保存原状者百不存一。从散出的形式及数量看，可知当时的螺钿制作技术已相当发达。因出土时多环绕在其他器物的周围，这说明蚌泡当是其他器物的配饰。考古报告中虽未提到螺钿镶嵌在漆器上，但这些蚌泡与西周螺钿工艺的出现有密切的关系[13]。

（2）陕西长安普渡村墓地。1953 年，在陕西长安普渡村西周一号墓地，发现了形状不同的蚌泡二十七枚。依其形状可分为三种类型。这三种蚌泡都是镶嵌在器物上的装饰品，发现时围绕在器物的周围，多在底部或者腰部，只留下附着的漆皮，漆皮作棕黑色。由于漆皮有褶皱和重叠，推测漆皮里面原应有木质或纤维编织的腔，实际上就是漆器的胎骨[14]。

（3）河南洛阳庞家沟墓地。河南洛阳庞家沟靠近墓圹北壁的填土层中发现一片漆痕，上边放置有蚌泡，漆痕上还放着一个圈足已缺失的瓷豆盘。这件瓷豆盘的外面有朱、墨色的漆片，上面镶嵌有两排蚌泡。这件镶嵌蚌泡的漆器应是瓷豆的器托[15]。

（4）陕西长安张家坡墓。1967 年，在陕西长安张家坡西周晚期 115 号墓中发现了四件漆器。漆器的木胎已腐朽，仅存外形及镶嵌在漆器上的各种蚌饰。经用石膏浇注，获知原来的器形有漆豆、漆俎和仅有小部分残片的漆杯[16]。漆豆两件，形状相同。115:6 为深盘粗把，盘周壁嵌蚌泡八枚，蚌泡上以红彩画圈。柄镶嵌小蚌泡四枚及菱形蚌片两枚。这些蚌泡均涂成红色。盘径 18.4 厘米，高 16.2 厘米。漆俎一件。115:8 上部为长方形盘，口大底小，四壁斜收，盘下接四足方座，四周镶嵌各种形状的蚌饰组成图案。漆色暗褐。通高 18.2 厘米，盘长 36 厘米，宽 23 厘米。漆杯一件，出土时位于漆俎之上，椭圆形，圈足。杯底长径 9.5 厘米，短径 7.6 厘米。

（5）北京琉璃河燕国墓地。1981 年至 1983 年，对北京琉璃河西周燕国墓地的发掘，让人们看到了令人耳目一新的西周漆器。此墓出土的漆器有豆、觚、罍、壶、簋、杯、盘、俎、彝等，以豆居多。这些漆器均为厚重的木胎，器物表面皆有漆绘，有些还用蚌片、蚌泡等镶嵌，与彩绘共同组成装饰图案[17]。漆豆（M1009∶14）复原规格为高 20.3 厘米，口径 17.6 厘米。深盘，粗把。豆盘外镶一周蚌泡，其间饰小型蚌片。豆柄部饰有蚌片和漆绘构成的饕餮纹。漆觚（M1043∶14）复原规格为高 28.3 厘米，口径 13.3 厘米。敞口，细腰，圈足。器身髹红漆，镶三道金箔，其中下面的两道金箔上镶嵌有绿松石，两道金箔之间雕出三个变形夔龙纹，以绿松石为目。

图一　北京琉璃河西周遗址兽面凤鸟纹嵌螺钿漆罍

漆罍（M1043:68）复原规格为高 54.1 厘米。有盖，折肩，腹
微鼓，圈足，有耳。此器为朱地褐彩，通体的花纹由蚌片镶嵌
和彩绘组成。器盖用蚌片镶嵌木雕兽头，有眼、角、耳，兽头
之间有圆涡纹，颈部用蚌片和彩绘组成凤鸟纹带。肩部和上腹
部均为用蚌片镶嵌成的圆涡纹和漆绘花纹带，下腹部为蚌片和
漆绘构成的饕餮纹，圈足之上镶嵌着多组长方形蚌片，器耳为
两只由蚌片镶嵌和彩绘构成的带冠凤鸟，大鸟在上，小鸟在
（图一）下。

　　此外，在湖北圻春毛家嘴遗址[18]、当阳赵巷[19]、安徽屯
溪[20]、山东临朐[21]、陕西宝鸡斗鸡台[22]和竹园沟[23]等地都
有西周漆器的发现。

2. 春秋漆器的考古发现

　　春秋漆器的考古发现地点，主要分布在山东、陕西、山
西、河南、湖北、江苏、安徽、浙江等省。其主要发现如下：

　　（1）山东临淄东周殉人墓。1971 年 12 月，在临淄原齐国
故城周围发掘的一座殉人墓是春秋时期最重要的发现[24]。在
墓圹顶部发现的漆器有雕花彩绘条形器、朱地黑彩羊形器、施
黄红绿三彩的镇墓兽、黑地红彩漆豆以及用骨装饰的漆器等。
由于这些漆器在出土时腐蚀严重，器形均遭破坏，但漆皮仍
存，其装饰风格能看清楚。这批漆器基本都是黑地朱绘，个别
为朱地黑绘，偶尔有用白色勾边的。装饰题材有几何图案和写
实的两种。据发掘报告称，其装饰图案有八种。图案一：三
件，方形，厚胎。中心由圆圈、矩形等组成长方形图案，外围
绘竹节三角纹、浪花纹和波状勾连纹四层，其中浪花纹用朱色
勾出轮廓，内填细点，如同国画中的点苔法，两个单体浪花纹
之间，又将地纹构成一种图案，使"地"和"纹"互为衬托，

互为装饰。M1∶41 长 72 厘米，宽 47 厘米。图案二：四件，方形。器胎较图案一为薄，中心饰方格勾形纹，并用细线、小圆勾填，外围绘曲线尖角纹、浪花纹、环带纹四层，浪花的结构与图案一相同。M1∶44 残长 50 厘米，宽 37 厘米。图案三：四件，方形。薄胎，出土时只有漆皮附着在夯土上。纹饰分为上中下三层，花纹相同。中心由长方形单体图案组成，其外绘叶状云纹、简化雷纹、相错三角形纹带等六层。有的中心图案用白线勾边，使单线图案变成红白两色的复线图案。M1∶48 长 50 厘米，宽 33 厘米。图案四：二件，方形。仅剩漆皮附着在夯土面上。其画面由十一道平行带状纹组成，每道带纹由锯齿纹、平行线和斜线等组成各种纹饰。M1∶52 残长 52 厘米，宽 42 厘米。图案五：一件，圆形。图案分为内外两层，中心圆内绘三兽翻滚，相咬嬉戏。外层绘房宇四座，两两相对称。房宇皆平顶，有短柱承托，柱头有拱，面各三间。其中一座内有四人，均躬身相向而立。居右者发向后，双手举物过头。居左者伸出双手，正在接物。除了右边的送物者，其余三人均腰佩短剑。与此房对称的另一座房内，所饰人物多已残缺，但可以看出内容题材与前者不同。另外两座房宇分居两侧，中间各有两人。其中一座的两人躬立，呈捧物状如前，只是佩剑较长，举物者冠饰也与前不同；另一座的两人残缺较多，居右者举一空器。在房宇内外圆之间，有四只鸟、十二只鸡和四株花草填补。M1∶54 残存部分直径 19 厘米。图案六：二件，圆形。中心绘三兽，均短足修尾，角呈四枝。兽为黑色，即器物的底色。这种装饰采用的是以底色表现物体，从而使黑地红彩的画面变成红地黑彩。三兽以外，有同心圆五层，或饰红色，或饰单线锯齿纹。M1∶35 残存部分 22 厘米。图案七：一件，圆形。从残存的部分可见，中心为三兽作翻滚状，独角向圆心。图案八：一件，圆形。中心饰云雷纹，外区饰勾连云纹。《史记·货殖列传》中有东周时期山东产漆的记载。临淄齐国故城附近发现的这批漆器，虽然已腐朽过甚，但漆器的图案基本完整，图案风格也很特殊。其构图规矩严谨，对称要求较高，图案化严格。与当时及以后的楚国漆器比较，楚国漆器的图案显得更加活泼，对称要求不高，图案化不严格，绘画的风味浓厚。由此推断，这批漆器可能是春秋时期齐国所产。

（2）山西长治东周墓。1972 年 8 月，在山西长治分水岭西部发掘了 268、270 号东周墓。两墓中均有漆器出土[25]。268 号墓中出土的漆器发现于木椁东部，均为漆绘残片，件数不明。其中 76 号保存稍好，似漆绘的长方形箱。残迹长 1.35 米，宽 0.8 米。80 号漆片残长 1.2 米，宽 0.8 米，朱地上作黑漆纹，画面为互相蟠绕的蟠龙图案，沿边绘蟠虺、窃曲纹。111 号漆片分布更广，大多数图案为黑漆绘三角形云纹。270 号墓出土漆器两件，已朽，似为漆木箱。102 号发现于木椁北边，长 1.5 米，宽 0.8 米。朱漆地上黑漆绘蟠螭纹、三角形云纹等几何图案。103 号发现于棺内骨架脚下，长 48 厘米，宽 42 厘米。朱漆地上黑漆绘三角云纹等几何图案，内置装饰品等物。长治地区在春秋时属于晋，战国时称为上党，为韩、赵、魏三国的交错地带，地势险要，在军事上和交通上居于重要的位置。从三家分晋到秦昭王时上党郡守降赵，随后上党为秦所有，其间一百数十年，长治一带均属韩。

（3）山西长子县东周墓。20 世纪 70 年代，在山西长子县发现了春秋时期的漆器[26]。其中有漆舟两件，18、77 号为木胎，髹黑红漆，椭圆形，两侧有环形耳，通高 9.6 厘米，口径 19×18.5 厘米。漆扁壶一件，19 号为小口，直颈，扁圆形腹，圈足，髹黑红漆。高 24 厘米，腹径 19 厘米，厚 6 厘米。因为是实心，估计是专为陪葬而制作的明器。漆盒一件，28 号为竹编胎，直径 22 厘米，外髹黑漆，光滑，盖与器已朽成一体。漆箱一件，仅剩残片，但可以看出几何图案装饰。

（4）河南光山县黄君孟夫妇墓。1983 年，在河南光山县宝相寺上官岗砖瓦厂发现了黄君孟夫妇墓。此墓属于春秋早期，出土了一批漆器[27]。其中有漆豆一件，G2∶D4 为木胎，残高 16 厘米，口径 17.6 厘米，黑地朱漆彩绘。豆盘的边缘绘直线圆圈纹，豆柄绘波纹。出土于南边箱内椁盖顶淤泥内。漆斗一件，G2∶D5 为木胎，残长 13.8 厘米，口宽 9.4 厘米，高 7.4 厘米。口呈扁圆形，内侧为朱漆，外侧为黑漆，柄上红黑相间。漆盖一件，G2∶D6 为木胎，口径 15.6 厘米，残高 3.8 厘米，黑地朱漆绘长方形条纹。此墓地中出土的棺盖通体髹黑漆，盖面周围用朱漆绘窃曲纹，中部绘大型窃曲纹，两侧束腰边上饰朱漆波纹。

另外，在山东海阳嘴子前[28]、莒南大店子 1 号殉人墓[29]和安徽舒城九里墩[30]等十几处均有春秋漆器的发现。有的漆器上已经使用金属附件，并发现镶嵌金贝和压花金箔的漆器，代表了当时漆器发展的水平。

（三）西周春秋漆器的特点

《诗经》中有"树之榛栗，椅桐梓漆"的记载。《周礼·地官司徒·载师》云："唯其漆林之征，二十而五。"《史记·货殖列传》曰："陈夏千亩漆。"这说明西周时期种植漆树很多，甚至要向天子贡赋。春秋时期漆树的种植进一步扩大，国家需要设官置守漆园。西周时期，漆器以木胎为主，兼有瓷胎。春秋时期除了木胎，还有竹胎、石胎和铜胎。

西周、春秋漆器按照用途划分，有生活用具、乐器、兵器、车马器和丧葬用品等，其中与人民生活息息相关的生活用具占主导地位。生活用具中以与同时代陶器、青铜器的器形相同的器物为多数，如豆、盘、扁壶、方壶、罍、簋、觚、俎、彝、舟等。日常生活用具中增加了漆耳杯、勺、奁、梳、篦、槌等类别。乐器中有漆瑟等。兵器中有盾、甲、矢、剑鞘之外，还有戈、矛、戟等。车马器中已有髹漆的竹木车舆、车辕、车伞盖穹以及马饰等。丧葬用具有棺椁、镇墓兽和小木俑等。

西周春秋漆器的装饰纹样较之夏商时期有了明显的增加，其装饰题材的范围也扩大了许多，题材更加丰富多彩。除了已有的动物、几何纹样，又出现了植物与人物题材。

西周漆器的装饰纹样主要有饕餮纹、夔龙纹、凤鸟纹、弦纹、雷纹、云雷纹、回纹和涡纹等。这一时期的装饰纹样继承了商代的技法，用彩绘与蚌片共同组成纹样。例如，北京琉璃河遗址出土的漆罍，通体的花纹由蚌片和彩绘组成，其颈、肩和腹部用蚌片嵌出凤鸟、饕餮纹等，盖上有牛头形饰件，器身中部有鸟头形器把，两者均用蚌片镶嵌。彩绘与蚌片的有机结合，成为西周漆器装饰图案中最具特色的装饰手法。西周漆器上的几何纹样，数量不是很多，其作用与同一时期的青铜器上弦纹的用法大致相同，只是作为主要纹样的衬托。例如，洛阳庞家沟西周墓出土的一件瓷豆漆托上，盘和把上镶嵌两排蚌片，并分别与上下两道平行弦纹组成装饰纹样。过去，漆器研究者大都认为螺钿漆器始于唐代。西周嵌螺钿漆器的问世充分表明，开创嵌螺钿漆器工艺先河的当在西周时期。这对漆器研究来说，无疑具有极其重要的价值[31]。

春秋漆器的图案有方形和圆形两种。方形图案主要施于案上，圆形图案主要施于盘上。用色以黑地绘红彩为主，题材分为几何形和写实两大类。几何图案深受青铜器装饰的影响，如浪花纹、波状勾连纹与青铜器的窃曲纹、环带纹基本相同；简化的雷纹、方格勾形纹也源于青铜器的雷纹。这种装饰风格其实也是商周以来青铜器装饰的主要特色。写实性图案的构图严谨规矩，用笔一丝不苟，线条纯熟流畅，描绘动物神态生动。其技法以线勾为主。

总之，时至春秋，漆器的制作日益精美。品种的丰富和装饰技法的提高，使漆器在青铜器衰微的时候异军突起，逐步形成了战国、秦汉漆器空前繁荣的局面。如果说商代已经能在漆液里掺和各色颜料，并出现了在漆器上贴金箔和镶嵌绿松石的工艺，开唐代金银平脱技艺之滥觞，西周又发展了商代漆器的品种和装饰水平，并开我国嵌螺钿工艺之先河，那么，春秋时期的漆器则以数量多、门类齐全、图案丰富、色彩华丽为特征，表明了制作技艺的日臻成熟，并由此奠定了战国、秦汉漆器空前繁荣的的基础。

注　释

[1] 中国社会科学院考古研究所二里头工作队《1980 年秋河南偃师二里头遗址发掘简报》，《考古》1983 年第 3 期。

〔2〕转引自王世襄《中国美术全集·工艺美术编 8·漆器》，文物出版社 1987 年版。

〔3〕中国社会科学院考古研究所二里头工作队《河南偃师二里头二号宫殿遗址》，《考古》1983 年第 3 期；《偃师二里头遗址 1980 年 - 1981 年Ⅲ区发掘简报》，《考古》1984 年第 7 期；《1981 年河南偃师二里头墓葬发掘简报》，《考古》1984 年第 1 期；《1984 年秋河南偃师二里头遗址发现的几座墓葬》，《考古》1986 年第 4 期。

〔4〕中国社会科学院考古研究所《大甸子—夏家店下层文化遗址与墓地发掘简报》，科学出版社 1996 年版。

〔5〕河北省博物馆《河北藁城县台西村商代遗址的重要发现》，《文物》1974 年第 8 期；河北省文物研究所《藁城台西商代遗址》，文物出版社 1985 年版；河北省文物管理处台西考古组《河北藁城台西村商代遗址发掘简报》，《文物》1979 年第 6 期。

〔6〕湖北省博物馆等《盘龙城 1974 年度田野考古纪要》，《文物》1976 年第 2 期。

〔7〕河南省信阳地区文管会、河南省罗山县文化馆《罗山天湖商周墓地》，《考古学报》1986 年第 2 期。

〔8〕中国社会科学院考古研究所安阳工作队《安阳小屯村北的两座殷代墓》，《考古学报》1981 年第 4 期。

〔9〕山东省博物馆《山东益都苏埠屯第一号奴隶殉葬墓》，《文物》1972 年第 8 期。

〔10〕蒋迎春《94 年全国十大考古新发现揭晓》，《中国文物报》1995 年 1 月 29 日。

〔11〕〔12〕陈振裕《先秦漆器概述》，《中国漆器全集 1·先秦》，福建美术出版社 1997 年版。

〔13〕郭宝钧《浚县辛村》，科学出版社 1964 年版。

〔14〕石兴邦《长安普渡村西周墓葬发掘记》，《考古学报》1954 年第八册。

〔15〕洛阳博物馆《洛阳庞家沟五座西周墓的清理》，《文物》1972 年第 10 期。

〔16〕中国社会科学院考古研究所沣西发掘队《1967 年长安张家坡西周墓葬的发掘》，《考古学报》1980 年第 4 期。

〔17〕中国社会科学院考古研究所琉璃河考古队《1981—1983 年琉璃河西周燕国墓地发掘简报》，《考古》1984 年第 5 期。

〔18〕中国科学院考古研究所湖北发掘队《湖北圻春毛家嘴西周木构建筑》，《考

古》1962 年第 1 期。

[19] 宜昌地区博物馆《湖北当阳赵巷 4 号春秋墓发掘简报》,《文物》1990 年第
10 期。

[20] 安徽省文物工作队《安徽屯溪西周墓葬发掘简报》,《考古学报》1959 年第 4
期。

[21] 临朐县文化馆、潍坊地区文物管理委员会《山东临朐发现齐郐、曾诸国青铜
器》,《文物》1983 年第 12 期。

[22] 苏秉琦《斗鸡台东区墓葬》,北平研究员史学研究所,1948 年。

[23] 宝鸡市博物馆《宝鸡竹园沟西周墓地发掘简报》,《文物》1983 年第 2 期。

[24] 山东省博物馆《临淄郎家庄一号东周殉人墓》,《考古学报》1977 年第 1 期。

[25] 山西省文物工作委员会晋东南工作组、山西省长治市博物馆《长治分水岭
268、270 号东周墓》,《考古学报》1974 年第 2 期。

[26] 山西省考古研究所《山西长子县东周墓》,《考古学报》1984 年第 4 期。

[27] 河南信阳地区文管会 光山县文管会《春秋早期黄君孟夫妇墓发掘报告》,
《考古》1984 年第 4 期。

[28] 林仙庭等《海阳嘴子前春秋墓葬发掘获重要成果》,《中国文物报》1994 年 7
月 31 日。

[29] 山东文物考古研究所、沂水县文管站《山东沂水刘家店子春秋墓发掘简报》,
《文物》1984 年第 9 期。

[30] 安徽省文物工作队《安徽舒城九里墩春秋墓》,《考古学报》1982 年第 2 期。

[31] 殷玮璋《记北京琉璃河遗址出土的西周漆器》,《考古学报》1984 年第 5 期。

三

战国漆器

（一）战国漆器发展的时代背景

战国时期，漆器的制作进入了一个空前繁荣的时代。战国漆器的繁荣与当时社会的大变革有着密不可分的关联。农业的迅速发展促进了社会分工的加速进行和手工业技术水平的提高。至迟到战国中期，漆器制造业已经完全脱离了木器业，成为一个独立运作的手工业部门。特别是冶铁业技术的提高，使漆器制作在制胎和加工方面的水平也大大提高。商品经济的发展，使大量漆器产品以商品的形式进入了市场。当然，我们仍不能忽略最主要的原因，即漆器本身所具有的特点：轻便、坚固、耐酸、抗热、防腐，外形可根据用途灵活多变，装饰可依审美要求花样翻新。漆器所具有的这些优良性质，越来越被当时的人们接受。于是，漆器在生活领域逐渐取代了青铜器。

战国时期，已经有了专门培植漆树的园圃。庄子就曾经做过管理漆园的官吏。漆工的经营管理也如同冶金、木工、陶工一样，具有了一定的规模和组织，内部分工也很细致。据《考工记》记载，"攻木之工七"的最后一道工序就是髹漆。

战国漆器的考古发现几乎遍及全国各地。比较集中的是湖北、湖南、河南、辽宁、河北、浙江、山西、四川、重庆、山东、安徽、江苏等地。

（二）楚国漆器的重要考古发现

战国漆器中，楚国漆器占有最为重要的地位。其发现的地点最多，出土的品种最丰富，数量最大。20世纪30年代初，湖南长沙楚墓中便有不少漆器发现，但大都被劫往国外。例如，从长沙楚墓中盗掘的木雕怪兽像漆器[1]，被日本学者考证为"镇墓兽"或"山神像"[2]。安徽寿县李三孤堆等地发现的一些楚国漆器，至今下落不明。新中国成立后，楚国漆器被大量发掘出土。由于一度没有解决漆器的脱水等技术问题，有不少漆器出土后风化成灰，但绝大部分都能完好地保存下来，可以清楚地看到楚国漆器的发展状况。

楚国漆器的发现地点遍及湖北、湖南、河南、安徽、江苏、浙江等省，其中湖北出土漆器的地点最多。湖北境内以江陵为中心，有天星观、马山、雨台山、望山、拍马山、藤店、沙冢、太晖观、张家山、李家台、葛城寺，另外还有云梦珍珠坡，随州擂鼓墩，襄阳蔡坡，武昌义地、溪峨山、九店，鄂城七里界、百子畈、洋澜湖、钢铁厂，松滋大岩嘴，郧县，当阳赵家湖，宜城，黄岗等地。湖南境内有长沙左家公山、杨家湾、五里牌、子弹库、颜家岭、沙湖桥、仰天湖、扫把塘、烈士公园、浏城桥、火车新站工地，另外还有常德德山、耒阳西郊、株州、湘乡、临澧九澧、益阳新桥山和赫山庙等地[3]。其他地点有河南信阳长台关、固始侯古堆新蔡葛陵，安徽寿县赵家老孤堆、舒城秦桥，江苏六和程桥、苏州虎丘，浙江绍兴凤凰山。在所有的楚国漆器中，尤以江陵、长沙、信阳、随州的发现最为著名，也最能反映楚国漆器的风格。

1. 湖北地区

湖北的江陵曾是楚国的郢都所在地,分布有各类楚墓数千座,有贵族墓,也有平民墓葬,数量之多,类别之齐全,为其他地区所少见。

(1) 鄂城。1958 年到 1978 年,湖北省鄂城县博物馆先后在城东南郊的百子畈、七里界大队、洋澜湖排电站、西南郊鄂城钢铁厂、五里墩等工地共发掘战国时期的楚国墓葬三十座,编号分别为"钢"字、"百"字、"七"字、"洋"字。漆器大都放置在墓室的头箱、边箱内,多为木胎涂漆,器内多为红色,器外为黑色,少数内外均黑色。部分器物在黑地上用红、褐色绘几何纹、云气纹、点纹等图案。器形有耳杯、杯、樽、盘、豆、碗、盒、盾、棋盘、案、几、瑟、飞鸟、鸟架鼓、虎坐鸟架鼓、镇墓兽、漆剑椟等共七十三件[4]。其中有漆耳杯十三件,形制相似,大小有别,有圆耳、方耳两种。钢 106:22 为圆耳稍侈,胎较厚,器形椭圆,内红外黑,耳侧及口沿处绘几何纹。残长 15.2 厘米,宽 6.4 厘米,高 7.2 厘米。漆樽一件。钢 74:4 出在边箱,上端残。似圆筒形,平底下有三个铜矮蹄足。底部有两字铭文。内红外黑漆,器表的黑地上有朱绘几何纹饰。残高 6.5 厘米。漆盘四件,已残,唇外侈,斜腹,平底。百 4:15 口径 14.2 厘米。漆豆五件,形制相似,大小有别。浅盘,高柄,喇叭形底座。周身绘有几何纹和云气纹。百 4:9 高 18.4 厘米。漆碗一件,器胎较厚。漆盒一件。百 4:7 已残。子母口,带盖。腹壁较直,矮圈足。器内红,表涂黑漆。残高 12.4 厘米。漆盾两件,已残朽,皆为明器。器身较薄,似龟形,头端凸出,背有把手,木柄中空。正面和背面中部均涂有黑漆,正面黑地上绘有彩绘云纹。长 94 厘米,宽 60 厘米。漆棋盘一件。钢 53∶18 的棋盘呈方形,三足。长 32.5 厘米,宽 32 厘米,厚 1.6 厘米,足高 5.8 厘米。漆案一件。百 4∶14 在东头箱第二层出土。长方形,由整块木板雕成,案周有沿,底下安装有四矮铜足,出土时已脱落。长 77.4 厘米,宽 42 厘米,高 6.2 厘米。漆几一件。百 4∶12 的两端雕有花纹,足残。通体髹黑漆。面长 38.4 厘米,宽 16.1 厘米。漆瑟一件。百 4∶15 已残半,弦已朽,宽 26 厘米。飞鸟一对。百 5∶13 为雕刻木胎,鸟呈展翅状,形似鸳鸯,上饰红色彩绘羽毛纹。高 42 厘米。鸟架鼓二件,形制相同,均为木质雕刻。百 4∶20 为两立鸟,鸟尾相连,长颈,木鼓悬挂双鸟之间,鸟身饰红色羽毛纹,鼓边布满一圈竹钉,鼓侧边髹红地,上施朱漆。通高 88.2 厘米。虎座鸟架鼓一件。钢 4∶20 已残。器身由鸟、鼓、虎三部分组成。两虎仰首反向踞伏,鸟立于虎上,尾相连,木鼓悬挂双鸟之间,纹饰已脱落。高 70.2 厘米。镇墓兽三件,形制相似,大小不同,头上均未发现鹿角,身立梯形方座。周身黑漆地,红漆绘成云纹。百 3∶11 通高 50.5 厘米。

（2）太晖观。1961 年到 1962 年,位于江陵县城（荆州城）附近的太晖观 21 号楚墓出土了四件漆耳杯。它们为木胎,椭圆形,浅腹平底,方耳,外黑内朱,用朱、黄色分别绘旋卷斜点纹和几何纹,色彩鲜艳,线条匀称[5]。

（3）望山、沙冢墓地。今江陵县裁缝乡境内的望山、沙冢墓地是楚郢都纪南故城外面重要的楚国墓地之一。1965 年,湖北省文物管理委员会、湖北省博物馆等单位对望山 1-4 号墓、沙冢 1-4 号墓做了发掘清理[6]。望山 1 号墓出土漆器九十七件,主要放置在边箱,少量放置于头箱。这些漆器大多是实用器，少数是明器。饮食用器有耳杯、豆、樽、酒具盒、盘、酒壶、勺、案、俎等；乐器有虎座鸟架悬鼓、瑟、鼓槌等；其他用具有几、枕、梳、羽扇、扇柄、绕线棒、带把椭圆形器、小座屏等；明器有镇墓兽和角形器等。其中WM1：B84彩绘木雕小座屏最具代表性。它通高15厘米，长51.8厘米。底座两端着地，中悬如桥，上承一玲珑剔透的矮屏，在长方形外框中间用透雕和浮雕相结合的方法，雕刻出凤、鸾、鹿、蛙、蛇、蟒等五十五个形态各异、互相角斗的动物形象。座屏以黑漆为地，漆绘朱红、灰绿、金银等多种色彩。此座屏充分体现了当地能工巧匠丰富的想像力和高超的技术水平。望山2号墓出土漆器共有一百二十五件，分别置于头箱与边箱。出土时有的保存完好，有的已散乱，不能复原。特别是头箱被盗，扰乱严重，漆木器多已残破。此墓漆木器主要为实用器，也有

图二　湖北江陵沙冢1号楚墓彩绘勾连云纹漆耳杯

明器。其主要器形有耳杯、豆、勺、案、瓢、俎、几、小座屏、虎座鸟架悬鼓、瑟、镇木兽等。沙冢 1 号墓出土漆器二十九件,主要置于边箱,少数置于头箱。大多数为实用器,少数为明器。其主要器形有耳杯(图二)、斗、盒、镇墓兽等。望山 3、4 号墓和沙冢 2、3、4 号墓,共出土漆器二十一件。

(4)江陵藤店。1973 年 3 月,对江陵藤店 1 号墓进行了清理发掘。该墓出土漆器有豆、案、鹿、盾、镇墓兽等[7]。

(5)李家台。1974 年 6 月,李家台发现了四座古墓。荆州博物馆清理了第 3、4 号墓。4 号墓中出土了二十二件漆木器。其器形有盾、虎座飞鸟、豆、耳杯、鱼、梳、蓖、叉等[8]。其中彩绘漆木盾为有特色的楚国漆器。盾身绘以装饰图案和以鸟为主题的写实画。在盾的背面,饰有龙纹,并在大部分空白处以孔雀为主,绘有鸟群飞翔的场面。绘画者采用青、绿、黄、红等色彩和线条匀细、风格简练的技法,描绘了五种不同的鸟类形态。特别是孔雀,身为翠绿色,头饰长毛,细颈,隆背,羽毛光耀,钱形斑纹突出,很好地抓住了孔雀的典型神态和特征。在与鸟群相结合的木盾下部,彩绘有树、鸟、人物图案。地面上有树四棵,树干呈棕红色,树枝为青绿色和黄色。树顶上各有鸟栖息,鸟身为黄色,作对鸣或展翅欲飞状。中间两棵树的左右两侧,各有一人双手下垂,席地盘足而坐,人头上有树形饰,其主干和分枝均长满青绿色的松毛形物。此漆盾虽然在漆绘方面没有摆脱商周时期的古拙、幼稚和神秘,但仍不失为楚国漆器的代表作。

(6)雨台山。江陵县雨台山,西南邻近楚故都纪南城东城垣,距县城(即荆州城)约 10 公里,楚墓比较集中。从 1975 年到 1976 年,此地共发掘中小型墓葬五百五十四座,其中二百二十四座墓出土了漆木器，数量近千件。饮食器类有耳杯、盒、卮、樽、豆、俎等，日用器类有几、杖等，乐器有鼓、瑟、笙等，另外还有兵器的杆和车马器部件[9]。其中彩绘鸳鸯形漆豆和彩绘蟠螭纹漆卮最具有代表性。彩绘鸳鸯形漆豆出土于 427 号墓，木胎，通高 25.5 厘米。由盘、柄、座三部分组成。盘深 5 厘米，短柄直径 3.5 厘米，喇叭形座高 4.4 厘米。这件漆豆的柄和座是由一块木材雕刻而成，柄上端的榫头与盘底部的卯眼相接。豆盘较深，盖隆起，柄座上绘有三角形云纹和卷云纹，造型庄重、沉稳。《诗经·小雅》中有"鸳鸯在梁，戢其左翼，君子万年，宜其遐福"的诗句。在我国古代，鸳鸯是爱情和幸福的象征。《楚辞》中的"鸳鸯兮嗈嗈"，说明楚人对鸳鸯的喜好。这件彩绘木雕漆豆，正是利用分而合之的手段，将盖与盘合为一体，雕刻了一只鸳鸯。其头、身、翅、尾等部位，无不惟妙惟肖，而它的敛翅卷足，更是显得神态安详，稚拙可爱。鸳鸯的尾部两侧还刻有两只对称的金凤鸟，作回首站立状，又增添了这件漆豆的吉祥、富贵的寓意。漆豆的表面髹黑漆，用朱红、金黄等色漆彩绘，器内髹朱漆，造型奇特，雕刻精美，描绘讲究，是楚国贵族结婚时使用的重要礼器。彩绘蟠螭纹漆卮（图三）出土于 417 号墓，木胎，高 20.9 厘米。器内髹朱漆，器表以黑漆为地。盖与身为上下扣合而成，盖上浮雕八条蟠蛇，四条为红头，四条为黄头。红头蛇的头攒向盖顶中央，黄头蛇的头伸向盖沿四周。卮身用雕刻和彩绘相结合的手段，饰有十二条蟠蛇。四条对称的黄蛇和红蛇，与八条粗短的黄蛇相蟠其间。这些蛇都是以其身上的不同部位分别着色的，蛇头、蛇身和鳞片以红、黄两色绘成，画面富有极强的立体感和动感，颜色鲜丽，光彩动人，是楚国漆器的代

图三　湖北江陵雨台山 471
号楚墓彩绘木雕蟠蛇纹漆卮

表作。

　　(7) 天星观。1978 年 1 月，荆州地区博物馆对西距楚故
都纪南城约 30 公里的江陵县天星观 1 号楚墓进行了发掘。该
墓曾被盗过，残存遗物有陶器、铜器、兵器、车马器、乐器、
漆器和竹器，共二百四十四件，其中漆木器一百一十件。漆器
主要有耳杯、豆、勺、钫、卮、梳、绕线棒、座屏、几、案、
虎座飞鸟、虎座凤鸟悬鼓、鼓槌、小鼓等[10]。漆座屏是该墓
中出土的比较有特色的器物（图四），计有五件。它们为木胎，
分别由凸形座和长方形屏两部分组成。屏中间用立木分隔，两
侧各透雕一龙（一件），或双龙（四件）。双龙背向，尾相连。
龙瞪目，吐舌，屈身，卷爪，作欲腾状。通体髹黑漆。座两侧
斜面阴刻云纹，红、黄、金三色彩绘，两端侧面及立木饰三角
云纹，龙身各部均用红、黄、金三色彩绘。

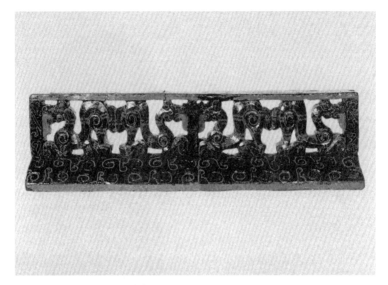

图四 湖北江陵天星观 1 号战国墓彩绘透雕四龙漆座屏

图五 湖北随县战国曾侯乙墓彩绘漆内棺

图六　湖北随县战国曾侯乙墓彩绘髹漆梅花鹿

（8）曾侯乙墓。1978 年对曾侯乙墓的发掘是楚国漆器的
又一重大发现。此墓位于湖北省随县城关镇西北郊擂鼓墩附
近，东南距县城约 2 公里。曾侯乙墓的随葬器物十分丰富，主
要置于东室、中室、北室和墓主棺内（图五），共一万五千四
百零四件[11]。其中漆木器共五千零一十二件，除了木扣子四
千七百八十件，实际为二百三十件，尚不包括髹漆的乐器及兵
器附件。东室的漆木器主要有衣箱、带足盒、龟形盒、盖豆、
豆、梅花鹿（图六）、俎、案、架等；中室的漆木器主要有食
具箱、酒具箱、方盒、豆、杯、勺、俎、几、禁等；北室的漆
木器主要有桶、透雕圆木器、案等；西室的漆木器主要有衣箱
盒、鸳鸯形盒等。

这批漆器绝大多数保存较好。其胎骨基本上是用一整块木
板斫削或剜凿而成，如衣箱、桶等。少数是分别安装的，如案
的面与腿就是分别雕制，然后再组装的。食具箱、酒具箱是用
扣榫结合的。这批漆器的纹饰表现方法主要有两种：一种是浮
雕或透雕，如案面、禁面的四角是浮雕，禁面当中是透雕。有
的浮雕还有明显的仿铜器风格，如盖豆与禁面上的附件。另一
种是彩绘，彩绘多半是以黑漆为地，再以朱漆、金漆（或黄
漆）描绘图案，朱漆保存较好，黄漆脱落较多。经对出土漆器
统计，共计有箱八件，分为衣箱、酒具箱、食具箱三种。盒十
四件，分方笼格形盒、方筒形盒、小方盒、罐形盒、衣箱形
盒、鸳鸯形盒、带足盒、龟形盒。豆二十三件，器形可分为有
盖、无盖两种。无盖豆又有大小与有彩无彩之别。从制作来
看，有整木雕成的，有盘、柄、座分别雕成后组装的。杯二十
七件，有筒形杯、豆形杯、耳杯三种。碗形穿孔器六件、桶二
件、勺三件、禁一件、案三件、俎十件、几一件、架二件、鹿

图七 湖北随县战国曾侯乙墓彩绘二十八宿天文图漆箱

二件、透雕圆木器九件、藕节形器二件。其中二十八宿衣箱和鸳鸯形盒最具有代表性。二十八宿衣箱（图七）的盖与身分别用整木剜凿而成。器身作矩形，上作子口承盖。盖隆起呈拱形，顶的两侧各凸出一凹形足，以便开启时搁置。器身与盖的四角均伸出把手，把手中部周缘刻有浅槽，便于扣合后捆缚。器内髹红漆，器表髹黑漆。盖面正中朱书篆文"斗"字，周边按顺时针方向用红漆书写二十八宿的名称，字迹清楚，仅个别笔画稍有脱落。盖顶两端分别绘青龙、白虎。这件衣箱是我国迄今发现记有二十八宿，并与北斗、四象相配的最早的天文实物资料。它高 40.5 厘米，长 71 厘米，宽 47 厘米。鸳鸯形盒由头与身分别雕成。此盒出土时，头在西室 2 号陪葬棺内，身陷西室淤泥中。首颈与身榫接，头能够自由转动。器身肥硕，内部剜空，背上有一长方形孔，承一长方形盖。盖上浮雕翼龙，

图八 湖北随县战国曾侯乙墓彩绘乐舞纹鸳鸯形漆盒

翅微上翘，尾平伸，足作卷曲状。全身以黑漆为地，彩绘艳丽，在颈部与腹前朱绘鳞纹，其间饰小黄圈，翅部、尾部用红、黄色点相间，绘锯齿状带纹。腹的两侧绘有两幅漆画。左侧绘撞钟图，以两鸟为柱，悬梁两层，上层由两鸟用口衔挂两件甬钟，下层搁于鸟的腿上，悬二磬，旁有一乐师，正在撞钟。右侧绘击鼓图，正中置建鼓，一旁绘有一兽，正击鼓；另一旁绘一高大佩剑武士，似在起舞。此器身长 20.1 厘米，宽 12.5 厘米，高 16.5 厘米（图八）。

（9）溪峨山。1980 年 8 月至 12 月，在湖北省江陵县溪峨山清理了六座楚墓。其中出土的漆器有镇墓兽六件、耳杯六件、豆三件、瑟一件[12]。镇墓兽的兽、座分别用整木雕成。兽立于方座中间，头插鹿角。兽头圆眼外凸，长舌下垂，曲颈方身。通体为黑地，用红、黄二色绘纹饰。豆为浅盘，圆把，喇叭形座。通体髹黑漆，用红漆绘纹饰。瑟为柄上饰涡纹，瑟面上绘棕色菱形纹，纹饰规整。

（10）江陵马山。1982 年 1 月，湖北省荆州地区博物馆在江陵县马山公社砖瓦厂发现一座小型土坑竖穴墓，编为马山 1 号楚墓。此墓东南距江陵县城约 16 公里，距楚故都纪南城约 8 公里[13]。该墓共出土器物一百三十余件，其中漆木器十七件，主要有耳杯十二件，盒、奁、盘、木梳、篦各一件。该墓出土的漆盘较有代表性。它为夹苎胎，折沿较宽，沿面上斜，唇外侈，斜腹壁圆底。器内外均为黑漆色地，再用暗红和朱红漆彩绘。沿外侧绘勾云纹，内侧绘变形凤纹。腹外壁绘上下交错的大三角，内填花卉状云纹、流云纹、三角形云纹及圆圈纹，内壁绘上下对应，左右交错，由各种云纹组成的三角形。内底正中绘四对对称的短尾凤。口径 27.1 厘米，高 5.1 厘米。

（11）包山楚墓。1986 年发掘的包山楚墓，位于湖北省荆门市十里铺镇王场村的包山岗地之上，南距楚故都纪南城约 16 公里。此墓出土漆器一百三十四件[14]，其中 1 号墓三十三件、2 号墓八十一件、4 号墓十四件、5 号墓六件。

这批漆器的胎质多为木胎，少数为夹苎胎。夹苎胎是在麻纱两面贴以皮革，再以生漆粘接。其制作方法有斫削、镟制和雕刻。斫削的如案、禁、俎等；镟制的如耳杯、带流杯等；雕刻又可细分为浮雕、内雕、透雕等，如双连杯、酒具盒、梳、篦等。器物部件之间的结合方法和饰物的安装方法有榫卯法、铰接法、粘接法、镶嵌法。大部分漆器髹黑漆地，用深红、橘红、土黄、棕褐、青、金等色彩绘纹饰。其器形有折叠床、枕、案、俎、几、酒具盒、豆、盘、壶、耳杯、双连杯、带流杯、奁、筒、斗、勺、小盒等。大型器物如禁、俎和部分案、几及少数小型器如豆、斗、勺等为明器。中小型器物如酒具盒、双连杯、筒等为实用器。其装饰纹样可分为动物、植物、自然景物和几何纹四大类。动物纹样有凤鸟云气纹、鸟羽纹、变形三角凤鸟纹、兽面纹、龙纹和人物；植物纹样仅见柳树；自然景物主要是云和水的变形，有勾连云纹、卷云纹、涡纹、太阳纹等；几何纹样有方块纹、曲线纹、三角纹、带纹、S纹、目纹、菱形纹等。

包山楚墓中以虎座鸟架鼓、彩绘漆棺、彩绘漆奁和凤鸟形双连漆杯最具有代表性。虎座鸟架鼓由双虎、双鸟、一鼓组成。双虎背向，昂首踞伏，目视前方，尾内卷。两只鸟尾榫接，长颈尖喙，昂首鸣叫，立于虎背之上。鼓悬于双鸟之间，系于鸟冠之上。虎身整木雕成，鸟分部件雕成。通体髹黑漆地，用红、金、黄三色彩绘虎斑卷云纹、带纹和鸟羽纹。通高101厘米，鼓径46厘米。彩绘漆棺是包山墓中的四层棺椁之一，保存完好。其四层棺的尺寸长、宽、高依次为3.76、2.36、2.24米；3.19、1.78、1.72米；2.38、1.06、1.09米；1.84、0.46、0.46米。第四层棺为弧形彩绘棺，在全国属首次发现。此棺棺盖及棺身均为黑漆地上满饰彩绘。彩绘以黑、黄、红为主色，辅以绛、褐、白、灰色及大量金粉，画幅面积达4平方米以上。棺盖及两侧壁板绘六单元龙凤图案，每单元为四龙四凤。凤压于龙之上，龙凤纹间填以红彩，整体为四方连续结构。龙为一首双身，黄首黄足，黑身金鳞，蟠绕成圆角方形。凤则为黄身黑羽，展翅卷尾，昂首作鸣叫状。头部档板绘两部分结构的变体龙凤纹，足部档板绘四部分结构的变体龙凤纹。整座彩绘漆棺的装饰宛如凤翔云中，龙腾水底。其画面起伏生动，气势壮阔，红黄辉映，绚丽无比。彩绘漆奁通高 10.4 厘米，直径 28 厘米，盖高 5.2 厘米，胎厚 0.15 厘米。
器盖与器身为子母扣合，圆形，直壁，平顶，平底。盖面中部
微隆起。夹苎胎，两面髹漆，内红外黑，外壁黑漆地上用深
红、橘红、土黄、棕褐、青等绘纹饰。奁盖中间绘两个线条较
粗的圆圈，内圈绘两组对称的红、黄兼施的云纹，每组云纹内
填八个对称的凤鸟纹，由外及内，凤鸟的数量依次为二、二、
四，前二组为金色，鸟身相对。中部圆圈与外圈之间也绘有
红、黄兼施的云纹，分四组排列，每一组中绘黄色凤鸟纹四
个，鸟身相对。奁直壁上下各绘一周红色带纹，带纹之间用橘
红、土黄、棕褐、青等绘一幅由二十六个人物、四乘车、十匹
马、五棵树、一头猪、两条狗和九只大雁组成的出行、迎宾
图。其间以青及土黄色一叶、棕褐色树干将画面间隔为五段。
整幅画面长 87.4 厘米，宽 5.2 厘米。第一段画有五位宽服博
带、冕冠垂缨的人物及一乘骈车、五只大雁。其中左边是一身
着黄衣的人向右行走，另一黄衣人和青衣人拱手作迎接状，四
只大雁正从天空鸣叫而过。右边停有骈车一乘，二马挽车，御
者正双手执辔，回首顾盼，等待乘者上车前行。马的前方有一
雁引颈腾飞，地上有一黄犬昂首蹲立，不知主人将去何方。第
二段以人物为主。右边有三人背向而立，垂手侍于道旁。左方
二人昂首向右行走，似是主人。天空中有二只大雁向左飞去。
第三段左边有一黄衣人拜伏于地，右侧有二乘马车正在驶来。
其中的一乘三马挽车已驶到拜伏者跟前，御者正提缰勒马准备
停车。车上有一人头戴黄冠，身着黄衣，扶栏平视，稳坐于舆
中。其侧有一侍者。四名着青衣的人步行于后，其中走在最前
面的人手中持一杖。后面还有一乘二马挽车，御者正扬鞭催
马，一马在仰天嘶鸣，车上乘有二人。第四段画有三马挽车一

乘，御者执辔挥鞭，舆中有乘者和参乘均宽服博带，侍者持杖随行于车后。第五段画有一犬一豕，正在追逐，两边有树木随风而动。在五段画面中，共描绘有六个人物，所画的是楚国贵族聘礼行迎的场面。其中第一段和第二段表现的是出迎场面，第三段和第四段表现的是车马出行的场面。先秦时期极其重视聘礼，重视出行和迎宾。这幅漆画正是当时贵族礼制活动的生动写照。此画具有极高的艺术价值。无论人物、车马、鸟兽，均形神兼备，呼之欲出。用笔自然流畅。用色以橘红、海蓝、土黄、棕褐为主，明快和谐，冷暖适当。凤鸟形双连漆杯高9.2厘米，长17厘米。此杯造型奇特，为凤鸟负双杯之状，前端为头颈，后端为尾翼，中间并列为两个圆筒形杯，杯之间有孔相通。凤鸟昂首展翅，似在飞翔。凤衔有一珠，珠为黑漆地，绘红、黄相套的圆环纹，胸腹下二爪正好充当器足。凤鸟的头、颈、胸、尾遍刻象征羽毛的鳞状纹。凤翼底面髹红漆，其余以黑漆为地，再用红、黄、金三色漆绘圆圈纹、点纹、卷云纹、放射状线纹等，用笔细腻，描绘逼真。凤鸟的头顶、颈侧、两翼、下胸等部位镶嵌有银色玉石八颗，使凤鸟显得华贵不凡。凤鸟所负的双杯内皆髹红漆，杯口绘黄色卷云纹，外壁上口及底部用红、黄两色绘波浪纹，外壁中部用黑色绘相互蟠绕的两龙，龙头恰好伸向杯的连接处。龙身上绘有金色斑纹和红、黄两色圆圈纹，龙纹以外以红色为地绘黄色云纹。杯底以黑漆为地，绘两条红色蟠龙。两杯的外侧各有一鸟形足，髹黑漆，画红、金、黄三色羽纹。此杯龙凤相会，寓意"龙凤呈祥"。晋人嵇康《忼俪诗》云："饥食并粮料，渴饮一流泉。""把用合卺酳，受以连理盘。"鲍照在《合欢诗》中写道："饮共连理杯，寝共无缝裯。"明代胡应麟在《甲乙剩言》中也写道："都下有高邮守杨君家藏合卺杯一器。此杯形制奇怪，以两杯对峙，中通一道，使酒相过。两杯之间承以威凤，凤立于蹲兽之上。"由此得知，这件凤鸟形双连漆杯应属吉祥用品，可称之为"连理杯"或"合卺杯"，用来表示夫妻恩爱，生死相依，白头到老。墓主人楚国左尹邵（舵）随葬此杯，说明他和妻子生前有着深厚的感情。此杯或许就是他们的结婚纪念物。

2. 湖南地区

湖南省长沙在战国时属于楚，秦时为长沙郡。长沙市的东郊、南郊和北郊分布有大量楚墓，早年就有楚国漆器发现。据金陵大学中国文化研究所 1939 年出版的商承祚《长沙古物闻见记》的记载，20 世纪 30 年代在长沙市北郊穿眼圹楚墓出土了一件属于战国中期的漆卮。此器有三个蹄形铜足，上饰错银云纹，黑漆地上朱绘几何纹。卮底刻有铭文四行："二十九大（太）后□告（造），吏丞向，右工帀（师）象，工大人台。"铭左朱书"长"字。因铭文为秦国文字，"二十九年"应指秦昭王二十九年（公元前 278 年）。当时秦的统治尚未南抵长沙。原物现藏美国旧金山亚洲艺术馆。此外，在长沙嵩山镇发现一座楚墓，出土有漆卮、羽觞等漆器。长沙三眼塘楚墓也出土有漆双凤虎座、羽觞等漆器。

（1）陈家大山、伍家岭、识字岭、五里牌、徐家湾。1951年 10 月，中国科学院考古研究所在长沙共发掘了古代墓葬一百六十二座，其中在陈家大山、伍家岭、识字岭、五里牌、徐家湾共发掘战国墓葬七十三座[15]。随葬的竹器、漆器、皮革和木器皆出土于保存比较完整的木椁墓中，其中以 406 号墓随葬漆器最多。出土于此墓中的两件漆盾（图九），一件长 62.5

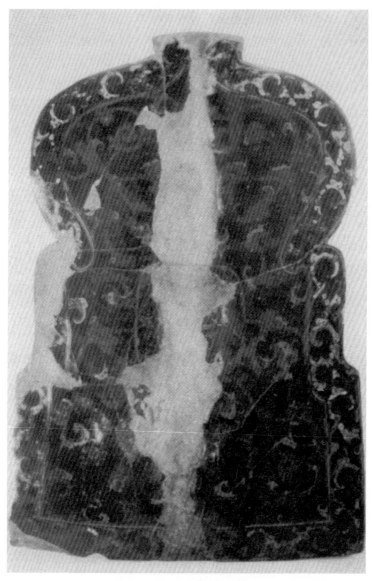

图九　湖南长沙楚墓云纹漆盾

厘米，一件长 63.8 厘米。盾上面两角为圆形，类似葫芦，下面两角为方形，中脊稍隆起有棱，并附有嵌银的铜盾鼻（406：021）。内面把手已脱落。盾为皮胎，内外两面均施极亮的黑漆，上用赭石和藤黄两种颜色绘龙凤花纹。盾原放在"内椁"外边的东面，即人头的一方。漆盾颜色鲜艳，制作精美。从其形制上看，非常纤巧细致，是不适合作为实用武器的。古代有一种武舞叫做"万舞"。在这种舞蹈中使用盾及戚、戈为舞器。这种漆盾可能是作为舞蹈用的道具，或是一种仪仗。此外，还出土了敦纽五件、木器口沿残片、漆插斗一件和剑鞘一段。

（2）左家公山、杨家湾、仰天湖。1953 年至 1954 年，文物工作队先后在长沙市郊的左家公山、杨家湾、仰天湖三个工地清理了三座大型木椁墓[16]。左家公山墓出土漆器五件，其中耳杯四件、盒一件。耳杯系木胎，圆耳，朱地上黑漆绘龙、凤、鸟纹。盒为木胎，外用丝帛包住，内装一铜素镜。盒为黑地朱绘，花纹为凤与鸟纹，绘工精巧，颜色鲜艳。杨家湾墓出土漆器二十六件，其中盒四件、奁二件、耳杯二十件。大漆盒两个均残破，为黑地朱绘鸟凤纹。一个盒盖里面有阴刻"王二"字迹，另一个内装有小漆奁、四山纹铜镜与竹简等物。耳杯有圆耳、方耳两种，每个底部中央都打有戳印。仰天湖墓两次被盗。外棺内髹朱漆，内棺底部放一块透雕蟠龙纹的花板，长 1.83 米，宽 0.45 米，厚 0.04 米。

（3）浏城桥。1971 年 2 月，湖南省博物馆在长沙浏城桥清理了一座大而完整的楚墓[17]。随葬器物二百六十二件，其中漆器六件。漆几两件，长 56 厘米。几面作长条形，用一块整木雕成，高 7 厘米。通体髹黑漆。几面浅刻云纹，两端刻兽面。六根圆柱足，四根直立承托几面，另两根从两端交叉于几底，使几足更牢。漆剑椟一件，为长条形木盒，盛剑用，髹黑漆，盖稍隆起。竹矢箙一件。矢箙是用两块半边竹块合成，断面作圆形，长 81 厘米。全身髹黑漆，绘红色几何云纹，并有少量黄色云勾纹点缀，色彩鲜艳美观。镇墓兽一件，通体髹黑漆。漆绘木鹿一件，高 20 厘米，长 38 厘米。鹿用木雕成卧状，头卷曲至腰部。全身髹黑漆，绘白色桃形斑纹。

（4）常德德山。1958 年 10 月，常德德山镇发现一批古墓葬。当时共清理战国墓八十四座，出土遗物九百九十件[18]。早期墓葬出土有漆耳杯，胎已腐朽，仅剩一片漆皮痕迹，有朱红色的变形龙纹。中期墓葬出土有漆耳杯三件，已残，木胎，绘红色花纹，圆耳。晚期墓葬出土有漆耳杯十四件，出土时多已残破，可分为二式，绘有几何形花瓣、鸟纹、变形蟠龙纹等。漆奁两件，出土时已残破，一为木胎，一为夹苎胎，外深褐色漆地上绘几何纹及变形朱色龙纹。

3. 河南地区

发现漆器比较丰富的楚墓，主要位于河南南部的信阳一带。另外，在河南淅川[19]、鹿邑[20]等地也有楚国漆器的出土。1956 年春，在信阳市北 20 公里的长关台西北小刘庄后的土岗上发现了 1 号楚墓。1958 年春，又在该墓东面 10 米处发掘了 2 号楚墓。两墓皆有棺椁，形制相同[21]。

（1）信阳 1 号墓。此墓出土漆木器一百五十件。其中有俎、杯、杯豆、圆盘豆、高足方盒、勺、匜、几、案、床等。漆器均用木料雕成。除了个别者，大部分髹黑漆，并加施各种彩绘图案。俎五十件，长方形，两个长面的中部各有一个阴槽，足的上部有凸榫，通体髹黑漆，俎面的四周和足上部绘朱色三角形。杯三十件，大部分已残，器身为椭圆形，两侧作翼形，外部髹黑色，内为朱红，口沿外侧绘朱红色纹饰，翼面和沿外两端有两个 S 形纹。杯豆三十件，上部有盘，盘状和图案与杯相同，中间有把，把外涂红色垂线；座实心，喇叭状，外髹黑漆，并施以红色的放射状图案。圆盘豆十二件，圆盒状盘，细长柄，圆座，盘微下凹，内髹黑漆，外壁是在黑地上绘朱色回纹、几何纹和小圆圈交错的图案。高足方盒十二件，盒内髹朱红漆，外部及柄皆髹黑漆地，再施黄、红、银等绘的云纹、三角纹。勺二件，为木雕并涂朱彩的长柄勺，勺内髹朱漆，勺外和长柄髹黑漆，柄的正面和侧面绘有朱色三角雷纹。匜一件，已残，口沿内外的黑漆地上以红、黄、紫、银绘出精致的变形云纹。几三件，标本 1—695 是雕花木凭几，通高 48 厘米，几面长 60.4 厘米，宽 23.7—18.1 厘米，厚 2.6—6.3 厘米，几面的浮雕兽面甚为精美生动，刀法也甚熟练。案十件，表面髹黑漆，案面及案侧绘朱色卷云纹。床一件，长 226 厘米，宽 136 厘米，高 42.5 厘米，通体髹黑漆，床身周围绘朱色卷云纹。

（2）信阳 2 号墓。此墓出土漆木器一百二十件。其中有俎、杯、杯豆、圆盘豆、方壶、几、案、勺、盒盖、方座、圆形器座、彩绘器座、圆形架、彩绘漆器残片、木床、木枕、椭圆形环等。方壶两件，标本 2—320 为方口，长颈，颈的下部外折，棱角分明，鼓腹，下腹逐渐缩成方形假圈足，通体施黑漆，绘红、黄两色组成的卷云纹和圆圈纹，颈的下部和腹部为连续蝉纹图案，通高 78.4 厘米，口径 24 厘米，腹径 37.2 厘米，底边长 26 厘米。几两件，标本 2—166 由两块立板和一块横板组成，立板的外面和横板的侧面壁上均匀地镶嵌着白玉二十块，玉的体积为 1.5 立方厘米，形状不规则。颜色洁白，将

图一〇 河南信阳楚墓彩绘出行图漆器残片

玉石镶嵌到彩绘漆器上的做法在战国极为少见。通高 58 厘米，宽 22 厘米，长 55 厘米。彩绘花瓣形盒盖（标本 2—81），由盖和钮两部分组成。盖作椭圆覆盅状，内髹朱漆，器表在黑地上绘出图案。盖面绘四条蟠龙，回首曲身，龙爪毕露，脊绘鳞纹。钮由六个莲瓣组成，每个莲瓣上绘变形饕餮兽面。除了橙、黄、灰三色，还描绘金丝。彩绘漆器残片（标本 2—138）（图一〇），绘有精致的车马人物出行图案。车内乘坐三人，厢后乘坐两人，高冠宽服，仪态庄重。御者穿黄色服，坐于车厢的前侧，正驱马前驰，惜马前身已残。鼓座（标本 2—155），两只连尾凤鸟立于相背的连尾伏虎座上。两凤形体相似，长颈，昂首，喙内衔椭圆形珠。凤身外表的纹饰除了眼珠周围及耳部嵌白玉，通身髹黑漆，再以灰漆绘出羽毛等纹饰。座为两只连尾伏虎，张口，外露齿，椭圆眼，尾巴上翘，四肢前屈，作蹲伏状。体髹黑漆，并饰银灰色云纹。连尾凤身由冠、颈、身、翅、腿等五个细部组成，每个细部分别雕成后再以榫卯安装成整体。

（三）其他战国漆器的考古发现

战国时期，楚国以外其他地区也多有漆器发现。其主要有四川成都[22]、青川[23]、荥经[24]，山东临淄[25]、济宁[26]、栖霞[27]，浙江绍兴[28]，山西长治[29]、万荣[30]。

1. 四川成都羊子山墓

成都羊子山是一个古代墓地，有战国、西汉、东汉、西晋、六朝和唐宋的墓葬。1953 年开始，文物部门陆续对墓葬进行了清理。其中 172 号墓是战国墓中最大的一座，出土了一批漆器[31]。漆器都放在椁的东段，除了一个大圆漆盒较完整，其余均已朽坏，仅存铜扣和一些残漆片。

圆漆盒两件。一件出土于大铜鼎侧的铜炉内，保存完整。底盖两部大小相同，形式一致。两部盖合处各有圆的铜扣一个，盒盖和盒底都有一个铜圈，并有精美的银错花纹。通高14厘米，腹径21厘米。另一件出土于椁的东段，铜扣仍存，木胎已朽。盒内放漆奁两件、绿松石一个。小圆玉饰六个。

漆奁两件。一件出土于上述漆盒内，胎漆均已腐朽，仅存蹄足及钮饰各三件、扣二件，皆为铜质，钮为鸟形。另一件出土于椁东段铜炉侧，胎漆均已腐朽，也只有蹄足及钮饰各三件，此外还有一些很薄的银饰片和银质的耳。这两件漆奁均为木胎刷灰后涂漆加朱绘。

方扣漆器两件。一件胎漆均已朽坏，仅存铜扣两件、小圆钮两个及带铜环的小圆钮两个。此件漆器是木胎上刷灰再涂漆而成。另一件剩有铜扣一件，在木胎上直接涂漆。

圆扣漆器两件。两件均系木胎上直接涂漆，并且都有圆环形铜扣。

大方扣漆器一件，只剩铜扣和漆皮。这件漆器是在木胎上贴编织物再涂漆而成。

2. 四川荥经墓葬

四川荥经县城西 2.5 公里处的"严道古城遗址"，俗称"古城坪"，周围有很多古代墓葬。1981 年和 1982 年，在此地进行了两次发掘，清理战国墓葬六座[32]。其出土的漆器均为厚木胎，刮制，髹黑漆或红漆，没有彩绘纹饰。个别耳杯、双耳长杯未髹漆。漆器上发现有八个刻划文字（符号），多是在髹漆以前用利器刻划在胎上，髹漆后仅有浅的印痕。

漆奁盒两件。由身与盖扣合而成。盖顶、器底为厚木胎，旋制，顶部隆起，饰二至三匝凹旋纹。器壁用薄木卷成，接缝处斜面相交。M1 2∶9 内髹红漆，外髹黑漆，底径 21 厘米，盖径 22 厘米，高 10 厘米。器外用竹篾编织成器套。M16∶1 内外髹黑漆，盖内面刻划"戚丫"二字，底径 20 厘米，盖径 21 厘米，高 10.4 厘米。

耳杯十一件，分为两式：A 式九件，厚木胎，斜直腹，平底，器耳与器口相平，内髹红漆，外髹黑漆。M12∶15 一侧耳下刻有符号，已无法辨认，长 14.5 厘米，宽 11.3 厘米，高 4 厘米。M16∶2 长 14.6 厘米，高 5 厘米，内外均髹黑漆，一侧外耳下有残字，耳背上还有符号，耳杯一端外壁上有一个"（成）"字，外面加边框，字体比漆奁盒上的两字略为规整。B 式两件，较 A 式个体大，两耳上翘，器壁微鼓，木胎。M12∶7 的器表仅髹一层薄薄的红漆，长 18.7 厘米，高 5.4 厘米。

双耳长杯一件（M16∶4），无盖，无榫口，内外髹黑漆。

3. 四川成都墓地

2000 年 7 月，成都市文物考古研究所在成都市商业街 58 号建筑工地清理了几具大型船棺。据初步推测，这应是一处古蜀国开明王朝王族或蜀王本人的家族墓地。其出土的随葬器物中有大量精美的漆器。它们色彩亮丽，纹饰斑斓，种类繁多。其器形有耳杯、案、器座、梳子、琴、编钟基座以及大量的木器构件等。它们均为木胎漆器，在黑漆底上绘红彩，纹饰有龙纹、变形鸟纹、卷云纹。有的漆器上还有刻划符号。从漆器的制作技术和纹饰风格看，这些漆器均早于湖北江陵一带所出战国中晚期的楚国漆器，与湖北当阳所出春秋晚期的漆器相似。许多漆器上所画的龙纹和中原地区所出的春秋晚期至战国早期错嵌红铜的铜器上的龙纹非常接近，表明其年代大体在春秋晚期至战国早期。这次出土的大量精美漆器，将成都作为我国古代漆器生产中心的历史向前推移了三四百年[33]。

（四）战国漆器的造型、装饰和艺术成就

综观战国时期的漆器，以木胎为主，并有陶胎、铜胎、皮胎、夹苎胎、竹胎、骨角胎，其中尤以厚重的木胎为多。战国早期的漆器，主要是厚木胎。战国中期的漆器，厚木胎依然占主流，但已出现了薄木胎和夹苎胎的雏形。到了战国晚期，薄木胎和夹苎胎的漆器明显增多。或许是因为薄木胎漆器缺少坚固性和耐久性，或许是为了装饰和美观，在战国晚期的楚国漆器中加嵌金属（有金、银、铜的钮、耳、足和扣箍，一般在器物的口部和底部）的贵重漆器增多了。这就是扣器。它成为战国漆器中的珍品。皮胎漆器主要有漆盾和漆甲胄。竹胎漆器主要有漆卮。这两种胎质的漆器都比较少。

木胎制漆主要有斫制、挖制、卷制和雕刻四种。豆、勺、案、几、俎、扇把、梳、蓖、弓、盾、戈杆、矛杆、剑鞘、瑟等，一般是用斫制法制成的。鸳鸯盒、扁园盒、樽、卮、食具盒、酒具盒、剑盒、耳杯等，一般是用挖制法制成的。用卷制工艺制造漆器出现在战国中期，其器物有卮、樽、圆奁、椭圆奁等。雕刻制漆主要是一些动物造型的陈设用品，如鹿、镇墓兽、木雕坐屏、虎座飞鸟、鸳鸯豆等。实际上在一件漆器的制作过程中，上述几种方法往往同时使用。

战国时期的漆器，最常见的是日常生活用品，其次是军事和文化娱乐用品。有些漆器显然是模仿铜器和陶器制作的，如

豆、禁、盘、盒等。这是器物发展、延续和继承的结果。一些构思精巧的模仿动物的造型，多出现在楚国和受其文化影响的漆器中。例如，曾侯乙墓出土的漆鹿和鹿座飞鸟、江陵天星观一号墓中出土的虎座飞鸟、江陵望山一号墓中出土的镇墓兽等，构思独特，想像雄奇，成为楚人心中的神物。它们是楚国文化中"巫"的传统在漆器制作上施加的影响，而鸳鸯豆、鸳鸯盘等则反映了楚国文化浪漫的因素。

在漆器的装饰上，战国漆器因胎质和器型的不同往往采用不同的制作和装饰方法。例如，陶胎、铜胎和骨角胎一般是在器物上髹漆，或漆绘纹饰。同青铜、铁、陶、木、竹、玉器和丝织物等古代器物相比，漆器的装饰因各种勾画的运用具有得天独厚的优势。与西周、春秋时期的漆器装饰相比，战国漆器已经在装饰方面有了飞跃的发展。不仅装饰纹样、类别和数量大增，而且纹样也繁复多变，增加了漆器的观赏性。

战国时期的漆器装饰纹样主要是动物纹样、植物纹样、自然景象、几何纹样、神话传说、社会生活等。在继承春秋时期漆器和青铜器装饰的基础上，更多地采用了取材于自然和社会生活的装饰内容。根据器形的特点，创造出了变化多端的漆器装饰纹样。在动物纹样中，长江流域的湖南、湖北出土的楚国漆器多采用抽象的龙、虎、鹿、豹、狗、猪、蛙、朱雀、鸳鸯、孔雀、凤凰、雁、蟒、蛇和鸟及鸟兽的变形图案。写实的动物纹样也很多，如包山楚墓漆奁上的马、犬、猪和信阳楚墓漆瑟上的鹿、獐、狗等。在战国时期的漆器装饰方面，楚国漆器的动物纹样装饰最为丰富。其植物纹样的装饰则比较少，主要有柳树、扶桑树、四瓣花等，并且多是起衬托作用，很少作为主体装饰。自然景象作为漆器装饰题材，主要是各种变形的山、云以及星宿。特别是对云的处理，充分发挥了制作者的想像力。例如，卷云纹、勾连云纹、云雷纹、变形三角形雷纹、勾连雷纹等变中有不变，不变中蕴藏着变，极大地增加了漆器装饰的艺术感染力。几何纹样主要是圆点纹、圆圈纹、三角形纹、弧形纹、涡纹、菱形纹、方块纹、方格纹、方格点纹等。它们同各类云纹一样，或作主体装饰，或作陪衬装饰，或与其他装饰纹样组合而成，使漆器的装饰千变万化。社会生活类装饰主要出现在贵族使用的漆器上，所反映的题材多是宴乐、迎宾、车马出行、狩猎等。其中比较突出的是信阳楚墓出土的漆瑟，生动地表现了贵族的宴乐场面；曾侯乙墓出土的漆鸳鸯盒，则刻画了盛大的乐舞场面；包山楚墓的彩绘漆奁描绘出贵族出行的壮观场面。神话传说和巫术也是战国漆器装饰常见的题材。它们主要出现在楚国漆器中，如曾侯乙墓漆衣箱上的后羿射日、夸父追日、兽面人身神人，信阳楚墓出土的漆瑟上的戏龙、戏蛇以及伏羲女娲、除病驱邪等内容。

战国漆器的装饰手法已经非常成熟。这主要基于对装饰图案构成法则的娴熟掌握。在装饰中，不仅能熟练地广泛运用独立纹样，使漆器的装饰具有整体性和统一性，而且在器物的中心和口沿部分还能大量地使用连续纹样，突出装饰效果。装饰手法不是单一的，往往根据需要在一件漆器上运用多种形式的装饰。装饰的部位一般与漆器的造型和用途相统一。耳杯等容器多在器表装饰，案则只在面板装饰，几的装饰在面板、几座处均有。装饰的色彩以红、黑最多，次为黄、蓝、绿、褐等，金、银色较少。绝大多数战国漆器都是以黑色为地，描绘红色花纹。

西周时期出现的漆器与金工的结合，在战国时期得到了进一步的发展。战国漆器与金工的结合，多采用一些制作精巧的青铜小构件。一般是在木胎制成后，安装一些铜环、铜蹄足、铜铺首衔环等，再进行髹漆、装饰。商周时期在漆器上镶嵌绿松石、蚌片、骨角等做法，在战国时期基本绝迹。

楚国漆器的装饰大量运用的是漆画。这些漆画基本上可以归纳为两大类，即反映社会生活和描绘神话传说。前者常以贵族、乐师、舞女、猎人、巫师等人物形象为主体，以各种鸟兽、花草、树木、车马以及一些连续图案为陪衬，组成车马出行、歌舞奏乐、狩猎、烹饪以及巫师作法等内容的画面。楚国漆器的装饰艺术是与其造型艺术、绘画艺术同步发展的。其装饰手法主要有描漆、描金、镶嵌、针刻等。描漆是最常见的手法。虽然只是用笔蘸色漆在有漆地的器物上涂画，但由于色彩的运用和搭配掌握得好，一个光怪陆离、富丽堂皇的世界便跃然而出。楚国漆器的描漆技法比较讲究线条的流动之美，各种花纹的勾勒流畅不滞，韵味无穷。平涂设色之中兼施渲染，单线勾描之中又不忘风格的变化，有粗有细的线条显得疏密刚柔适当，有淡有浓的着色又常常透出深浅之别。其着色讲究色调的和谐及色彩的艳丽，主要采用红、黑、黄、蓝、褐、金、银七种颜色，尤以红、黑二色使用得最多。不过对这七种颜色的使用并没有贯穿楚国漆器发展的各个时期。据实物考察，只有中期才七色具备，早期没有蓝、黄、金、银四色。描绘技巧的娴熟、设色和谐以及与器形的统一，反映了楚国漆器在描绘方面具有很高的艺术水平。楚国漆器上那些反映现实社会生活和神话传说题材的漆画，都是用描漆法绘成的。描金银是指用笔蘸金银粉在漆器上描绘装饰图案，使漆器光芒四射，富丽堂皇。例如，长沙仰天湖 26 号墓出土的彩漆雕花苓床便大量地运用了金银描绘技法[34]。针刻是指在漆地上刻画花纹而形成的有雕饰效果的装饰。它是楚国漆器的装饰特色之一。由于用这种方法制作出来的纹饰细若游丝，奔放流利，飘动感极强，在刻画云纹和奔驰的动物方面效果更佳。

在战国中期的漆器上发现了一些烙印、针刻、刀刻和漆书的文字。例如，"成亭"、"成草"、"城市素"、"成市"等手工业作坊标志，"上"、"包"、"素"、"造"等漆工艺标志。到了战国晚期，在秦国漆器上又出现了"宦里"、"路里"作坊所在地标志，"孝"、"但"、"小女子怨"等工匠姓名标志等。这些都是战国时期漆器制造业成熟和发达的证明。

总之，战国时期的漆器在造型、用途、技艺、装饰等多方面都比商周时期有了飞跃发展，是我国古代漆器的第一个繁荣时期。

（五）楚国漆器高度发展的原因

迄今为止的战国漆器大部分出自楚国墓。楚国漆器的高度发展，除了有战国时期大的社会背景及其他社会因素的影响，还有一些楚国自身的原因。

首先，楚国具有生产、制造漆器的物质条件。楚国处于长江汉水流域，有着肥沃的土地和温润的气候，生长着大片漆树、油桐，有丰富的竹木资源。这些都是漆器生产必备的原料。

其次，楚国漆器工艺的发展与楚国疆域的开拓、社会经济和文化的发展密切相关。春秋中期以后，楚国的手工业和商业就较为发达。楚人不仅接受了北方中原漆器装饰技术的影响，还与秦、巴、蜀等国广泛接触，使漆工艺得到了长足的发展。20世纪30年代长沙楚墓出土的"二十九年"漆樽，就反映了战国晚期秦与楚国之间的交往情况[35]。不可忽视的是，楚国的漆器也继承和发展了当地早期漆器的优秀成果。早在原始社会，后来为楚国所管辖的地区就已开始使用漆器。在楚国的疆域内，人们曾发现不少西周至春秋时期的漆器，一般多为木胎，器形风格、特点与其他地区都有所区别。这表明了当地漆器生产已经具备了很高的水平。既吸收北方中原先进文化，又发挥自身的积极因素，从而"形成了有楚国自身特征的漆器工艺系统"[36]。

再次，细致的分工和程序较高的标准化生产，也是楚国漆器在战国时期独占鳌头的重要原因。虽然人们从楚国漆器上尚没有发现制作工序的铭记，但通过考察实物可知，楚国漆器有制胎、涂漆、描绘、打磨等不同分工，并注意与金工的结合，制作出精美的扣器。与此同时，楚国在漆器生产中注意规格和形体的相近。有的研究者甚至认为，楚国曾以法律的形式对漆器手工业产品的规格做出了一套明确的规定。

由于上述原因，楚国漆器成为繁荣的战国漆器的代表。它不仅对当时的中原地区和巴蜀地区的漆器工艺产生了很大影响，而且对后来的秦汉漆器也具有启迪作用。如果没有楚国遗风，秦汉漆器工艺也很难在战国繁荣的基础上再继续发展。例如，在制作工艺方面，秦汉时期沿用了楚国漆器挖制、斫制、雕刻胎骨的方法；在纹饰方面，楚国盛行的龙纹、豹纹、虎纹、鹿纹、鸟纹、鸟头纹、羽毛纹、凤纹等动物纹样和圆点、圆圈、三角形等几何纹样依然在秦汉时期流行；在造型艺术方面，秦汉漆器也继承了楚国漆器模仿陶器和青铜器造型艺术的传统[37]。

注　释

[1] 商承祚《长沙古物闻见记》，金陵大学中国文化研究所，1939 年。

[2] 日本水野清一，京都《东方学报》第七、八册。

[3] 陈绍棣《战国楚漆述略》，《中原文物》1986 年第 1 期。

[4] 湖北省鄂城县博物馆《鄂城楚墓》，《考古学报》1983 年第 2 期。

[5] 湖北省博物馆《湖北江陵太晖观楚墓清理简报》，《考古》1973 年第 6 期。

[6] 湖北省文物考古研究所《江陵望山沙冢楚墓》，文物出版社 1996 年版。

[7] 荆州地区博物馆《湖北江陵藤店一号墓发掘简报》，《文物》1973 年第 9 期。

[8] 荆州博物馆《江陵李家台楚墓清理报告》，《江汉考古》1985 年第 3 期。

[9] 湖北省荆州地区博物馆、中国社会科学院考古研究所《江陵雨台山楚墓》，
文物出版社 1984 年版。

[10] 湖北省荆州地区博物馆《江陵天星观一号楚墓》，《考古学报》1982 年第 1
期。

[11] 湖北省博物馆《曾侯乙墓》，文物出版社 1989 年版。

[12] 湖北省博物馆江陵工作站《江陵溪峨山楚墓》，《考古》1984 年第 6 期。

[13] 湖北省荆州地区博物馆《江陵马山一号楚墓》，文物出版社 1985 年版。

[14] 湖北省荆沙铁路考古队《包山楚墓》，文物出版社 1991 年版。

[15] 中国科学院考古研究所《长沙发掘报告》，科学出版社 1957 年版。

[16] 湖南省文物管理委员会《长沙出土的三座大型木椁墓》，《考古学报》1957
年第 1 期。

[17] 湖南省博物馆《长沙浏城桥一号墓》，《考古学报》1972 年第 2 期。

[18] 湖南省博物馆《湖南常德德山楚墓发掘报告》，《考古》1963 年第 9 期。

[19] 河南省文物研究所等《淅川下寺春秋楚墓》，文物出版社 1991 年版。

[20] 河南省文物考古研究所等《鹿邑太清宫长子口墓》，文物出版社 2000 年版。

[21] 河南省文物研究所《信阳楚墓》，文物出版社 1986 年版。

[22] 四川省文物管理委员会《成都羊子山第 172 号墓发掘报告》，《考古学报》
1956 年第 4 期。

[23] 四川省博物馆、青川县文化馆《四川青川县战国墓发掘简报》，《文物》1978
年第 1 期。

［24］四川省文管会等《四川荥经曾家沟战国墓群第一、二次发掘》，《考古》1984年第12期。

［25］山东省博物馆《郎家庄一号东周殉人墓》，《考古学报》1977年第1期；淄博市博物馆《山东临淄商王村一号战国墓发掘简报》，《文物》1997年第6期。

［26］山东省济宁市文物管理局《薛国故城勘察和墓葬发掘简报》，《考古学报》1991年第1期。

［27］山东省博物馆《山东栖霞县战国墓》，《考古》1963年第8期。

［28］绍兴县文物管理委员会《浙江绍兴凤凰山木椁墓》，《考古》1976年第6期；浙江省文物考古研究所等《绍兴306号战国墓发掘简报》，《文物》1984年第1期。

［29］边修成《山西长治分水岭古墓的清理》，《考古学报》1957年第1期；山西省文物管理委员会、山西省考古所《山西长治分水岭战国墓第二次发掘》，《考古》1964年第3期。

［30］杨富斗《山西万荣县庙前村战国墓》，《文物参考资料》1958年第12期。

［31］四川省文物管理委员会《成都羊子山第172号墓发掘报告》，《考古学报》1956年第4期。

［32］四川省文管会、雅安地区文化馆、荥经县文化馆《四川荥经曾家沟战国墓群第一、二次发掘》，《考古》1984年第12期。

［33］《中国文物报》2000年12月31日。

［34］湖南省博物馆《湖南省文物图录》，湖南人民美术出版社1964年版。

［35］聂菲《中国古代漆器鉴赏》，四川大学出版社2002年版。

［36］院文清《楚与秦汉漆器的几个问题》，《江汉考古》1987年第3期。

［37］陈振裕《试论战国时期楚国的漆器手工业》，《考古与文物》1986年第4期。

四

秦汉漆器

（一）秦代漆器的两次重大考古发现

从历史文献记载和考古发现的秦代简牍可知，秦代对天然漆的生产、运输制定了严格的法律，甚至对生产管理制度、器物类型的标准化等也都有专门的规定。在秦代，漆器制造已经发展为一个重要的手工业部门，并得到秦王朝的重视。

目前，全国发现的秦代墓地有十几处，墓葬达一千多座。20世纪30年代，在湖南长沙被盗的墓葬中发现了一件针刻"廿九年大（太）后告（造）"铭文的漆樽，一度被认为是秦代漆器[1]。这件漆樽现藏美国旧金山亚洲艺术博物馆[2]。经专家进一步研究，它实际是战国晚期的秦国漆器，而非秦代漆器[3]。

1962年1月，广州市文管会在广州市东郊罗冈发掘两座长方形竖穴木椁墓。在4号墓中出土铜戈一把，刻有"十四年属邦工"等字，为秦代遗物。这是广州地区在建国后的考古发掘中首次发现有秦代纪年铭文器物的一座墓葬。墓中出土的漆器有奁、盘、耳杯五件[4]。

20世纪70年代以前，由于秦代漆器的考古发现比较少，研究者多通过长沙出土的早期汉代漆器来研究秦代漆器的造型和工艺特点。关于秦代漆器的重要发现主要有1975年至1978年在湖北云梦睡虎地进行的发掘，其中出土的近七百件漆器为人们了解和研究秦代漆器提供了丰富的资料[5]。其他出土秦代漆器的地点还有湖北云梦的龙岗[6]与木匠坟[7][8]、江陵的杨家山[9]、荆门的白庙山[10]、沙市的周家台[11]、鄂洲的鄂城钢厂[12]、河南泌阳[13]、陕西临潼秦始皇陵兵马俑坑[14]、四川荥经古城坪[15]与曾家沟[16]等。

1. 秦代漆器的第一次重大发现

云梦县在湖北省中部偏东，县城东南距武汉市约 100 公里。睡虎地位于城关西部，为一处平缓坡地。1975 年 12 月至 1976 年 1 月，文物部门共发掘十二座秦墓，出土漆器一百八十六件。这是秦代漆器的第一次重大发现[17]。现分器形介绍如下：

圆盒十件。由器身与盖扣合而成，均为内涂红漆，外涂黑漆，在黑漆地上又用红、褐漆绘云气纹、卷云纹、变形鸟纹、兽纹和几何纹饰等图案。多数器物上还有烙印、针刻的文字与符号。例如，M7：7 的盖顶用红、褐色漆绘变形鸟纹和柿蒂纹，外壁绘波折纹、圆卷纹等图案，外底与盖上分别烙印一"亭"字，通高 18.3 厘米。M9：10 在黑漆地上用红、褐漆绘变形鸟纹、云气纹和几何纹等，外底及盖内、盖顶针刻"中"字和烙印"咸亭上"字，通高 20.5 厘米。M11：1 在黑漆地上用红、褐漆绘变形鸟纹、云气纹和几何纹等图案，盖顶、盖肩、外底和器身外壁等处有"告"、"亭上"、"素"、"包"的烙印文字与"安里皇"等针刻文字，通高 18.5 厘米。

盂五件。其中两件为敞口，弧形壁，平底，圈足。例如，M3：30 在器外上部口沿内的黑漆地上，用红、褐漆绘波折纹、变形鸟头纹等图案。口径 28 厘米，底径 18.1 厘米，高 9.3 厘米。另外三件均为敛口，平沿外折，弧形壁，圜底，圈足，并

图一一 湖北云梦睡虎地秦墓彩绘鸟云纹双耳漆盒

在口沿内外的黑漆地上用红、褐漆绘圆点纹以及凤、鱼等图案。例如，M11：16 在内底中部的黑漆地上用红漆绘两鱼一凤，凤单足伫立，头上顶一竿，竿上似为一承盘，盘内置物，形象生动逼真，色彩鲜艳，外底有"亭"的烙印文字与针刻的"上造□"字。口径 29 厘米，底径 16 厘米，高 8.8 厘米。

双耳长盒十件。此类长盒是在秦代漆器中首次发现的。它们形制相同，由器身与盖扣合而成，椭圆形，两头有双耳作把，盖上与器底的两头均有弧形假足，器内涂红漆，器表涂黑漆。其中三件在黑漆地上用红、褐漆绘花纹。例如，M7：10在黑漆地上绘几何纹，盖顶烙印"亭"字。长 25.5 厘米，宽12 厘米，高 10.7 厘米。M9：51（图一一）在黑漆地上用红、褐漆绘鸟云纹、鸟头纹、圆圈纹等图案，而两端的彩绘花纹似兽嘴，盖顶与外底两端有"咸亭□"、"□亭□"和"亭"的烙

印文字。长 27.8 厘米，宽 13.3 厘米，通高 11.8 厘米。另有
七件无彩绘花纹，如 M3:20 的内底、外底与盖上、盖内有烙
印的"亭"字与针刻"X"符号。长 25 厘米，宽 13 厘米，高
10.5 厘米。

长方盒一件。M9:29 由器身与盖套合而成，长方形，直
壁，平盖顶，器内涂红漆，器表涂黑漆。长 32.2 厘米，宽
9.3 厘米，高 8.5 厘米。

圆奁十八件。由器身与盖套合而成，圆筒状，平底，盖顶
部隆起。除了一件内外均涂黑漆，其余均为器内涂红漆，器表
涂黑漆。其中六件有彩绘花纹。大多数器物在外底、外壁和盖
顶等部位有烙印、针刻的文字与符号。例如，M11:69 用红、
褐漆绘梅花纹、变形鸟纹、菱形纹、云气纹和点纹等。盖径
18.1 厘米，底径 16.7 厘米，通高 8.1 厘米。出土时器内装铜
镜、木梳各一件。M11:3 内涂红漆，外涂黑漆，素面，盖外
与外底有"咸亭包"、"咸□"、"亭上"、"告"的烙印文字与
"钱里大女子"的针刻文字。盖径 24 厘米，底径 22 厘米，通
高 13.8 厘米。

椭圆奁一件。由盖身与盖套合而成，内外均涂黑漆，器上
有"□□"的烙印文字与针刻文字"张"等。长 24.5 厘米，
宽 12 厘米，通高 7.3 厘米。

笥一件。由器身与盖套合而成，长方形，四角为圆角，内
外均涂黑漆。长 36 厘米，宽 24 厘米，通高 13.8 厘米。

凤形勺一件。凤的颈首为把，凤背则挖成勺。勺内涂红
漆，其余部分涂黑漆，并在黑漆地上用红、褐漆绘凤鸟的羽毛
以及眼、鼻、耳等，在凤尾下有"咸□"等烙印文字。高
13.3 厘米。

匕六件。匕面为舌形，把为圆形或椭圆形，均涂黑漆。其中两件有彩绘花纹。例如，M9：44的匕面用红、褐漆绘方格几何纹，背面绘点格纹等图案，把上还用红漆绘圆圈纹，匕背有针刻文字。匕面长7厘米，宽5.2厘米，通长23.5厘米。

扁壶八件。由两半粘合而成，扁腹，长方形圈足，器表涂黑漆，有的用红漆彩绘图案。分为两型：A型六件。圆口，无盖。其中两件用红漆绘花卉图案。例如，M3：19的两腹朱绘昂首单足仁立的双凤，其间另绘一物，腹侧朱绘几何纹饰，通高24.2厘米。M6：1在黑漆地上用红漆绘相对而立的双凤，双凤之间亦绘一物，通高27厘米。B型两件。方口，有盖。例如，M9：45的器形特小，两肩各有一环系绳，器表涂黑漆，通高仅12厘米。

卮八件。圆筒状，直壁，平底，单环形鋬，有盖，器内涂红漆，器外涂黑漆。其中两件为素面。例如，M5：14的外壁有"路里"的针刻文字。口径10厘米，底径10厘米，高10厘米。另六件均在黑漆地上彩绘花卉图案。如M7：23用红漆和褐漆绘圆圈纹、变形鸟头纹、圆卷纹等图案。口径9.2厘米，底径9.2厘米，高9.8厘米。M11：10近底处往里收，用红、褐漆绘变形鸟纹等图案，外底与内底均有"亭"的烙印文字。口径12.7厘米，底径11.3厘米，高12.3厘米。M13：13的盖顶绘凤纹、点纹、圆圈纹等图案，外壁绘点纹、波折纹等几何纹饰，盖内和外底均有刀刻符号。盖径13厘米，底径12厘米，高14厘米。

樽一件。圆筒形，有盖，底下有三个铜矮蹄足，盖上原有三个铜钮饰（已失），口、腹、底部均有一道银箍，腹外还有一铜环形鋬。内底中部、内壁中部及器表涂黑漆，其余涂红

漆。在黑漆地上用红漆绘变形鸟云纹、菱形纹、点纹等。盖内
与外底有"亭"等烙印文字。口径 11.4 厘米，底径 11.4 厘
米，盖径 12.2 厘米，残高 13.8 厘米。

耳杯盒一件。由器身与盖扣合而成，器身与盖的形制相
同，外作椭圆形，内作耳杯形，底部与盖顶部的剖面略呈弧
形，腹外有两道凹弦纹。器内涂红漆，器外涂黑漆。盒内平放
五件内红外黑的漆耳杯。长 15.5 厘米，宽 13.5 厘米，高
11.3 厘米。

耳杯一百一十四件。均为椭圆形，新月形耳，平底。其形
制大体相同，而大小有异。根据涂漆与彩绘花纹部位的差异，
可分为四种：

A 型十七件。内底、口沿内外、两耳均有彩绘花纹。器内
涂红漆，器表涂黑漆，并在黑漆地上用红、褐漆绘卷云纹、云
点纹、变形鸟纹、柿蒂纹、点纹、波折纹、圆圈纹、三角几何
纹等。多数还在耳下与外底烙印、针刻文字与符号。例如，
M13:22 内底绘有鸟纹、鸟云纹、柿蒂纹等图案，两耳及口沿
内外绘点纹、波折纹、圆卷纹等，外底有"左里漆界"的针刻
文字。长 24.5 厘米，宽 19.6 厘米，高 7 厘米。M3:16 内底的
黑漆地上用红漆绘卷云纹、点纹，两耳及口沿内外绘波折纹、
点纹等，外底有烙印文字"亭"与针刻符号。长 17.4 厘米，
宽 13.2 厘米，高 5 厘米。

B 型二十八件。只在耳上和口沿内外彩绘花纹。例如，
M8:12 用红漆在耳上和口沿内外的黑漆地上绘变形鸟纹、点
纹、圆圈纹等花纹，外底与耳下有"李"、"孝"等针刻文字。
长 20 厘米，宽 13 厘米，高 8 厘米。M11:52 用红漆绘几何纹，
外底有"亭"的烙印文字与"上造□"的针刻文字。长 17.4

厘米，宽 13 厘米，高 5.5 厘米。

C 型十九件。内涂红漆，外涂黑漆。如 M13：12 的耳下与外底有"张"等针刻文字。长 16 厘米，宽 12 厘米，高 4.8 厘米。又如 M3：17 的外底有烙印"亭"字与针刻"十"符号。长 14.8 厘米，宽 11.3 厘米，高 4.7 厘米。

D 型五十件。内外均涂黑漆。如 M8：4 的外底有针刻的"介"、"十"符号。长 17.5 厘米，宽 13.7 厘米，高 5 厘米。M11：51 的外底有"亭"的烙印文字与"大女子□"的针刻文字及针刻符号。长 17.2 厘米，宽 12.9 厘米，高 4.9 厘米。

杖一件。圆柱形，涂黑漆。杖上有四个烙印文字（已不清晰）。长 125 厘米，直径 2.5 厘米。

2．秦代漆器的又一重大发现

1975 年，湖北省文物主管部门在睡虎地探明该墓地西部保存有四十七座土坑墓。1975 年至 1977 年，在已发掘的 11 号秦墓西南、西北部又发掘了十座小型土坑墓，共出土三百五十五件文物，其中漆器一百六十八件[18]。这批漆器的器形、工艺和装饰风格等，与第一次发现所出土的漆器基本一致。现分器形介绍如下：

圆盒五件。木胎，挖制，器身与盖扣合而成。内涂红漆，外涂黑漆，在黑漆地上用红、褐漆绘卷云纹、云鸟纹、夔龙纹、波折纹、点纹等。例如，M34：25 的盖顶绘鸟云纹、器身绘夔龙纹、鸟云纹，口沿外绘波折纹和点纹。盖肩有两处"咸亭上"和器外壁有"咸亭"烙印文字，盖顶有"三"和盖壁有"未"的针刻文字，外底也有"朱三"的针刻文字。口径 21.4 厘米，通高 19 厘米。

盂六件。木胎，挖制，敞口，弧形壁，圆圈足。其中一件为圆底，五件为平底。盂内涂红漆，外涂黑漆，在器外的上部与口沿内的黑漆地上用红、褐漆绘波折纹、点纹和变形鸟头纹等。M33：26 最为美观，在内底上绘二鱼一鹭鸟，鹭鸟单足伫立，形象生动逼真，外底有"亭"的烙印文字。口径 26.6 厘米，底径 16 厘米，高 8.2 厘米。

双耳长盒两件。木胎，挖制，器身与盖相扣合，椭圆形，盖与器身的两端有双耳作把，盖上有弧形假足。内涂红漆，外涂黑漆。M33：3 的内底有"十"的针刻文字。长 26.2 厘米，宽 13.2 厘米，通高 10.8 厘米。

长方盒一件。木胎，挖制，器身与盖相套合。整器为长方形，直壁，平底，盖顶为盝状。内涂红漆，外涂黑漆，盖顶中部用红、褐色漆绘鸟云纹，组成夔纹图案。M36：25 长 25.6 厘米，宽 11.5 厘米，通高 7.5 厘米。

圆奁九件。木胎，卷制，器身与盖相套合，圆筒状，盖顶隆起。其中八件内涂红漆，外涂黑漆。M34：60 在盖顶中部绘鸟云纹，其余绘"B"形鸟纹、几何纹等纹饰，器外壁有"亭"字烙印，盖外与器外壁均有"大女子小"的针刻文字。盖径 22.2 厘米，底径 21.3 厘米，通高 6.7 厘米。出土时奁内还放置有铜镜和木蓖各一件。

椭圆奁七件。木胎，卷制，器身与盖相套合，盖顶部稍微隆起，平底。其中三件内涂红漆，外涂黑漆，并在黑漆地上用红、褐漆和金色绘花纹。M39：21 的盖顶绘鸟云纹，盖外绘四鸟蓓蕾花纹，盖内有烙印符号。长 29 厘米，宽 12.6 厘米，通高 8.2 厘米。M33：8 的盖外壁有"亭上"、"王"、"咸亭上"、"包"的烙印文字，底外壁有"咸"、"咸亭"的烙印文字。长 25.6 厘米，宽 11.8 厘米，通高 9 厘米。

壶一件。木胎，挖制，敞口，长颈，鼓腹，高圈足略向外撇，平底。器内涂红漆，外涂黑漆，用红、褐漆绘花纹，颈部绘三角形兽面纹，腹部与圈足上绘变行鸟头纹饰。口径13厘米，底径21.5厘米，高34.7厘米。

扁壶五件。木胎，内壁挖成后将两半粘合而成，器内外均涂黑漆。根据口部不同可分为两式：A式两件，口作蒜头形，无盖，扁腹，底部置对称方形足。M33：46通高23.5厘米。B式三件，圆口，有盖，扁腹，长方形圈足。M33：5口径11.1厘米，通高26.7厘米。

卮七件。木胎，卷制，直壁，平底。器内涂红漆，并用红、褐漆绘花纹。M33：25的盖顶部绘云鸟和几何纹饰，外壁绘"B"形鸟纹。口径8厘米，通高8.5厘米。M34：7有盖，盖上与器外壁中部绘鸟纹，其余均绘几何纹饰。口径8.5厘米，底径7.8厘米，通高8.8厘米，盖上有"吉"和"亭"等烙印文字。M2：2有盖，盖顶绘卷云纹，盖外壁与器身绘波折纹，外底有"五年□□"、"大"的针刻文字。口径12.3厘米，底径9厘米，通高13.7厘米。

樽一件。M33：39为木胎，卷制，圆筒形，直壁，平底，三个矮蹄足，腹外还有一环形鋬，近底部有一道铜箍。器内涂红漆，外涂黑漆，并在器外与口沿的黑漆地上用红、褐漆绘云纹、菱形纹和波折纹等。外底有针刻文字。口径12厘米，通高13厘米。

耳杯一百一十八件。木胎，挖制，椭圆形，口两侧有对称的新月形耳，平底。根据有无彩绘花纹与花纹的部位，可分为五种：A型十一件。整器有彩绘花纹。器表与内底涂黑漆，其余涂红漆，并用红、褐漆绘花纹。内底为卷云纹、点纹，口沿内外绘波折纹和点纹等，内壁绘云雷纹。其中 M33：43 较大，长 21.4 厘米，宽 17.7 厘米，高 7.3 厘米。B 型五十八件。只在耳上与口沿内外有红、褐漆的彩绘花纹。M33：34 的耳上有"咸亭上"、"包"、"告"、"素"等烙印文字，外底有"生"与"□□印"等针刻文字。长 24 厘米，宽 18.4 厘米，高 8.4 厘米。M2：20 的杯内底有"女存"的漆书文字。长 17.6 厘米，宽 13.4 厘米，高 5 厘米。M36：30 的外底有"许市"的烙印文字，耳上有"十"的针刻文字，外壁有"朱"的针刻文字。长 18.1 厘米，宽 13.8 厘米，高 4.9 厘米。C 型九件。内涂红漆，外涂黑漆。M34：31 的外底有"市"的烙印文字。长 15.8 厘米，宽 11.9 厘米，高 5 厘米。M35：15 的外底有"大女子□"的针刻文字。长 15 厘米，宽 11.4 厘米，高 4 厘米。D 型三十九件。杯内外均涂黑漆。M39：11 的外底有"中乡"的针刻文字。长 18.8 厘米，宽 13 厘米，高 16 厘米。E 型一件。杯内外均涂黑漆，用无光漆在杯里绘有对称的四条龙纹，在耳上、外口沿绘波折纹，外底有"十"字烙印。长 16.2 厘米，宽 11.8 厘米，高 4.4 厘米。

凤形勺一件。木胎，挖制与雕刻并用。凤头做柄首，凤颈作把柄，凤身成勺形，造型精美。勺内涂红漆，其余涂黑漆，并用红、褐漆绘凤鸟的羽毛花纹，勺内底有"郑亭"的烙印文字。通高 14 厘米。

勺一件。木胎，挖制。勺面为椭圆形，方柄，柄首后曲。整器涂黑漆。勺面宽 9 厘米，通长 35 厘米。

匕四件。木胎，削制。匕面呈舌形，圆条形把。通体涂黑漆，并用红、褐漆绘花纹。M2：7 的匕面呈舌形，通体涂黑漆，用黄色、金色在黑漆地上绘流云纹。匕面宽 4 厘米。

（二）秦代漆器的特点及其文字与符号

从湖北云梦睡虎地秦墓出土的大批漆器来看，秦代的漆器制造业已经非常发达。首先是器形丰富，有圆盒、盂、双耳长盒、圆奁、椭圆奁、筒、凤形勺、匕、扁壶、卮、樽、耳杯盒、耳杯、杖等十几种。其次是所出土的各种漆器，除了少数几件出土于棺盖，其余均出土于头厢，反映了秦人用漆器随葬的风俗习惯。

秦代漆器以生活日用品为主，有的模仿动物形象和青铜器、陶器的器形。器物中以耳杯最多。耳杯从春秋战国以来就很流行。秦代的耳杯均为椭圆形、新月形耳、平底，形制大致相同，但规格有别。圆漆盒、双耳长盒、圆奁等也都是秦代漆器中常见的品种。圆奁在秦以前的春秋战国时期就比较普遍，作为一种日常生活用品，秦代也大量制作和使用。双耳长盒虽然在秦代比较多，但在秦以前的漆器中却未见过。秦代漆器中的漆匕，实际是由武器中的匕首演变而来的，并非实用品，只是用于陈设、舞蹈以及陪葬。凤形勺则具有浓郁的楚文化色彩。

秦代漆器基本为木胎，胎骨制作方法主要有挖制、卷制、斫制三种。装饰上广泛采用植物纹样、自然景象、几何纹样。反映宴饮、歌舞场面的虽然较少（如江陵凤凰山秦墓出土的漆梳、篦），但在对人体比例的把握和线条的处理上已经具有了较高的水平。朱、黑、褐三色是秦代漆器最常用的漆色，金、银两色较少见。一般容器是内涂红漆，器表涂黑漆，也有少数是内外均涂黑漆。大部分器物还在黑漆地上用红、褐漆绘鸟头纹、鸟云纹、凤鸟纹、鱼纹、梅花纹、云气纹、卷云纹、柿蒂纹、几何纹等二十多种的花纹图案。这些图案优美生动，构思巧妙，线条流畅不滞，至今仍艳丽如新。

秦代漆器的另一个显著特点是普遍都有文字和符号。据不完全统计，有"咸市"、"咸亭"、"素"、"包"、"士五军"、"李"、"告"、"章"、"介"、"张"、"上造"、"宦里"、"路里"、"钱里"、"大女子□"、"许市"、"中乡"、"郑亭"等。从其制作方法来看，主要是烙印、刀刻、针刻和漆书。

这些文字与符号中，有的表明器物是咸阳漆器作坊制作的，如"咸市"、"咸亭"等烙印文字。有的是素工、上工、刨工和造工在制作时的戳印，如"素"、"上"、"包"、"告"等烙印文字。它们表明当时漆器的生产有着多道工序，分工已相当复杂了。这使人们首次知道秦代咸阳的漆器手工业很发达。有的可能是物主的姓名及其身份与居住的里名，如"李"、"章"、"介"、"张"、"上造"、"士五军"、"宦里"、"路里"、"钱里"等针刻文字。"大女子□"等书刻在好几座墓出土的漆器上。这类针刻文字应是漆器制作者的名字，是"物勒工名"的标记，而不会是使用者的标志。烙印文字中还发现了"许市"、"中乡"、"郑亭"等。在此以前曾发现过"许市"的陶文。据文献记载，今河南省许昌市在春秋为许国，后被楚灭，成了楚国北方的一座重镇。秦攻占后，在此设置许昌县。因此，"许市"很可能就是许昌市府的简写。既然战国时期楚国的漆器驰名中原，那么，楚之重镇"许昌"在秦统一后继续制作漆器也并不为奇。许昌的产品能远销到数百里之外的秦安陆（今云梦），也在一定程度上反映了当时手工业发达和产品畅销。当然，有一些漆器上的文字和符号，人们还难以清楚其具体含义，尚需进一步的研究。

从秦代漆器上的文字和符号设置位置来看，虽然因器而异，但也有一定的规律。一般来说，耳杯的文字和符号多在外底和耳下，个别在耳上；圆盒、圆奁多在顶部和外底，少数圆奁在盖内壁针刻；双耳长盒的文字和符号在盖顶、盖内、外底、内底及盖耳下都能见到。

同春秋战国时期相比，秦代漆器在品种、器形方面都有了飞跃发展，制作更为精美，并且广泛应用于社会生活。秦代的漆器产量很大，商品生产的性质明显，促进了漆器新工艺的出现。

云梦出土的秦简中，有很多内容是秦代的法律条文。例如，《秦律杂抄》曰："漆园殿，赀啬夫一甲，令、丞及佐各一盾，徒络组各廿给。漆园三岁比殿，赀啬夫二甲而法（废），令、丞各一甲。"对漆树的种植、生漆的运输和检验、漆器手工业的管理等也都有明确的法律规定。这些说明了秦代对漆器制作的重视，也是秦代漆器比春秋战国时期有了更大发展的重要原因。在从春秋战国到汉代的漆器发展过程中，秦代漆器起到了承前启后的重要作用。

（三）汉代漆器的重要考古发现

汉代漆器先后在国内外众多地点出土。例如，朝鲜、蒙古，中国的湖北、湖南、河南、广东、广西、贵州、安徽、浙江、山东等。由于发现汉代漆器的地区比较多，现依地区和重点以及发现时间分别介绍如下：

1.湖北汉墓

（1）湖北云梦大坟头 1 号汉墓。大坟头位于湖北省云梦县，距睡虎地 11 号秦墓约 400 米。1972 年 12 月，湖北省博物馆对大坟头 1 号汉墓进行了田野发掘，发现随葬漆器八十一件[19]。现将其分述如下：

圆盒两件。形制相同，器身与盖的形制基本相同，子母口扣合，圜底，小圈足。木胎，器内涂红漆，器外涂黑漆。器身外壁与盖外用红、褐漆绘变形鸟纹、云气纹、波折纹、点纹，盖顶用红、褐漆绘云兽纹，口沿上用红漆绘几何纹。口径 21 厘米，足径 11 厘米，高 17.7 厘米。盒内底与盖内各有一针刻"东"字。

盂两件。均为木胎，器内涂红漆，器外涂黑漆。其中一件，敛口，平沿外折，平底，圈足较矮。在口沿内外及腹外上部用红、褐漆绘花纹，口沿上为波折纹与点纹组成的图案，口沿内与腹外上部为鸟头纹，在内底的黑漆地上用红、褐漆绘云气纹、变形鸟纹、鸟头纹。口径 30 厘米，底径 19 厘米，高 10 厘米。

盘六件。敞口，宽平沿外折，折腹，小平底。可分为两型：A 型两件。形制相同，木胎，内外均涂黑漆。口沿内及腹外上部用红漆绘变形鸟纹，内底用红、褐漆和金色绘鸟纹、变形鸟云纹、兽纹，口沿上绘波折纹、点纹，口沿外绘平行直条纹、点纹。其中一件的口径 18 厘米，底径 8.2 厘米，高 4 厘米，在盘的外底上有针刻文字"宦里大女子鹜"。另一件的口径 18.5 厘米，底径 8 厘米，高 4 厘米，针刻文字同前。B 型四件。形制相同，夹苎胎，里表均涂褐色漆，没有彩绘花纹。其中一件的口径 27 厘米，底径 11.5 厘米，高 7 厘米。

壶一件。口微侈，平沿，颈较短，大鼓腹，圈足。木胎，内涂红漆，外涂黑漆。口径 12 厘米，腹径 27 厘米，底径 15 厘米，高 33 厘米。

耳杯盒一件。由形制基本相同的器身与盖扣合而成。外为椭圆形，内为耳杯形，腹外有两道凹弦纹。木胎，内涂红漆，外涂黑漆。长 16.5 厘米，宽 15.8 厘米，高 11.8 厘米。出土时，耳杯盒里的耳杯已散落。可据耳杯的形制与盒里的情况复原，盒里应平放六个漆耳杯。在盖上与外底均有烙印的"亭"字。

耳杯六十二件。椭圆形，平底，新月形耳。可分为三型：A 型二十二件，彩绘花纹，木胎，内涂红漆，外涂黑漆。两耳与口沿的黑漆地上用红漆绘波折纹、点纹，器外近底处绘一圈红漆。其中最大的两件：一件长 24.5 厘米，宽 18 厘米，高 8.6 厘米；一件长 23.4 厘米，宽 19.4 厘米，高 7.2 厘米。还有十件的器形较大，长 18 厘米，宽 14.5 厘米，高 5.6 厘米，耳杯上有烙印的"告"、"素"、"包"、"亭上"等字。其余十件耳杯的器形较小，长 16.8 厘米，宽 12.5 厘米，高 5 厘米，耳杯的外底均有"大女子骜"的针刻文字。B 型十件，没有彩绘花纹，内涂红漆，外涂黑漆。器形较小，六件可能置于耳杯盒内。木胎较薄，耳微翘，形制相同。长 15.2 厘米，宽 11 厘米，高 4.2 厘米。每件外底都有"大女子骜"的针刻文字，有的还有烙印"亭"字。C 型三十件，没有彩绘花纹，内外均涂黑漆或褐漆。其中十件为厚木胎，里表涂黑漆，长 18.3 厘米，宽 14 厘米，高 5.8 厘米，每件外底都有一针刻"衷"字，耳下都有一针刻"章"字。另外二十件为夹苎胎，里表涂褐漆。

凤形勺一件。以凤头、颈作把（已残），勺为凤形身。勺内涂红漆，其余涂黑漆，黑漆地上用红、褐漆绘鸟头纹和羽毛

纹。长 10 厘米，宽 11.2 厘米，通高 10 厘米。勺内有烙印
"亭"字。

匕一件。匕面扁平，近椭圆形，圆形把（已残）。木胎，
通体涂黑漆。匕的正面用红漆和金色绘四叶纹和几何纹，背面
为植物纹。把上绘数圈红漆。匕面宽 4.3 厘米，长 25.5 厘米。

笥一件。身与盖套合而成，长方形，四角为圆角。器身两
格，一格有籼稻谷，另一格的泥土中带有红色的东西。木胎，
里表涂黑漆。长 46 厘米，宽 25.6 厘米，通高 18.5 厘米。

圆奁两件。身与盖套合而成，圆筒状，平底，盖顶部隆
起。木胎，内涂红漆，外涂黑漆。一件为单层，底径 22.5 厘
米，盖径 24 厘米，通高 14 厘米。内底与盖内均有一针刻
"最"字。一件为双层，直壁。下层的外壁用红、褐漆和金色
绘菱形纹；下层的口径 20.9 厘米，盖径 22.5 厘米，高 3.5 厘
米；底已脱落。上层的外壁与盖外用红漆和金色绘云气纹和变
形鸟纹，盖顶用红、褐漆和金色绘变形鸟纹和云气纹；上层的
口径 21.6 厘米，盖径 22.5 厘米，高 4.4 厘米；内放铜镜、玉
璧、木梳各一件，木篦三件，木刮刀两件。

椭圆奁两件。身与盖套合而成，椭圆形，直壁，平底，盖
顶部隆起。木胎，内涂红漆，外涂黑漆。其中一件的黑漆地上
用红、褐漆绘变形鸟纹、鸟头纹、波折纹、点纹和圆卷纹，器
形较小。长 20.3 厘米，宽 10.2 厘米，通高 7 厘米。

云梦一带秦墓和汉墓都比较多。从睡虎地 11 号秦墓和大
坟头 1 号汉墓的漆器基本组合和同类器形的主要花纹分析比较
看，睡虎地 11 号墓的基本器物为圆盒、盂、圆奁、耳杯、樽、
卮和笥等，大坟头 1 号墓的基本器物为圆盒、盂、圆奁、笥、
耳杯、盘、壶、耳杯盒等。其中壶、盘是汉墓中常见的，而秦

墓却未见。两墓的同类器形的主要花纹图案，也有许多不同之处。例如，圆奁的花纹图案是前者为梅花纹、变形鸟纹、波折纹和点纹，而后者为鸟云纹、变形鸟纹、云气纹、菱形纹等。盂的花纹图案是前者为波折纹、点纹，内底心绘二单凤，凤单足伫立，头顶一竿，竿上有承盘；后者为卷云纹、波折纹、点纹，内底心绘变形鸟纹、鸟头纹、云气纹等。耳杯的花纹图案是前者为鸟头纹、波折纹、点纹等，后者为波折纹、点纹、圆卷纹等。

（2）江陵凤凰山汉墓。1973 年 9 月，在湖北省江陵县的楚故都纪南城内发掘了九座西汉早期的土坑木椁墓，出土漆器二百六十余件，其中主要出自 8、9、10 号墓。大都为木胎，一般是里面红漆，外面黑漆，少数的内外均髹黑漆。漆盾四件、耳杯一百六十八件、壶八件、奁十八件、圆盒五件、盂十二件、卮三件、盘四十一件、案六件、几一件、匕四件、勺两件。纹饰主要有云气纹、植物纹、几何纹、水波纹、动物纹、点纹等，多数以朱漆绘出，少数兼用金黄色和深黑色[20]。这批漆器中比较精致的有彩绘漆盾，长 32 厘米，宽 20.1 厘米。整体作龟腹甲形，木胎，外包细篾编织物，涂黑漆（漆不满器），竹篾编织纹外露，状似龟甲纹，背有把手，木雕中空，然后粘合。正背两面和把手两端均有朱绘花纹。正面花纹为上部中央绘一侧身面左人物，头发向后圆梳，前额后脑各有须状装饰一根，前后翘起，脸上朱绘眼、口、鼻，身着十字花纹宽袖上衣和长裤，腰束带，手前曲托袖不露于外，两腿前后伸开，两脚尖皆加绘禽爪，似奔走欲飞状；下部绘一怪兽，昂首曲身，头有触角和两须，三足一尾，尾蜷曲，后两足前后伸开，状似奔走；左右各绘一组变形云纹图案。背面花纹为把手两端绘三角形几何纹，把手左右盾牌上各绘一侧身相向而立的人物形象，两者装束大体相同，脸上皆朱绘眉眼、口鼻，身着十字花纹宽袖上衣和长裤，腰束带，足穿鞋，手前曲托袖不露于外；左边一人发向后圆梳，隆起，头须有须状装饰向后翘起成弓形，衣角向后翘起，状似一尾；右边一人发向后圆梳，身挂长剑，剑末有 S 形物，疑为飘带。另外，还有耳杯颇具特色。8 号墓出土的两件较为精致，内外均涂黑漆，用朱红和金黄色绘纹饰，双耳和口沿内外饰几何形波浪纹，内底两端各画一条鱼，外形用金线勾勒，周围均作红色，饰波浪纹鱼鳞，口衔草，中部绘四叶纹图案，状似花蝶。其中一件的外底部有烙文。

1975 年，在湖北省江陵县的楚故都纪南城内发掘了凤凰山 168 号汉墓，出土漆器一百六十多件。这些漆器全部置于边箱，其中耳杯一百件、盘二十六件、盒六件、盂八件、壶四件、耳杯盒一件、樽一件、卮两件、方平盘一件、案一件、勺两件、匕两件、奁五件、扁壶三件。漆器都是木胎涂漆，里面为红漆，外面多为黑漆，并在黑地上用红、褐、金黄等色漆绘云气纹、云龙纹、鱼纹、豹纹和点纹等。绝大多数保存完好，色彩艳丽如新，构思巧妙，线条流畅，纹饰精美。有些漆器还有极细腻的针刻图案。有些漆器上有烙印文字、刻划文字和白粉书写的文字。文字内容有两类：一是白粉书写和刻划的"仁"字，另一种是"成市草"、"成市饱"等烙印文字。汉代的成都是制作漆器的主要地点。"成市"就是成都市府，"草"、"饱"即"造"的意思。它们说明这些漆器的产地当是成都市府所管辖的漆器手工业作坊。部分漆器内尚有食物遗存，如大方平盘中有牛肩胛骨、牛肋骨和鸡骨等[21]。这批漆器中，比较

图一二　湖北江陵凤凰山168号汉墓彩绘七豹纹扁形漆壶

精致的有彩绘七豹纹扁壶（图一二）。它高48厘米，腹宽56.5厘米。底、口均作长方形，有盖，肩上有两个铜铺首，可提。木胎，涂漆，在黑漆地上用红漆绘豹、兽和几何纹饰。七豹各具姿态，形象生动。此器花纹繁缛，构思巧妙，图案优美。厄一件。圆筒形，有盖，器外有对称的环耳。木胎，内涂红漆，外涂黑漆，在黑漆地上用红漆绘变形凤纹和几何纹饰。高22厘米，径20厘米。厄内置有三个小漆盘和一件单环耳小厄。三鱼纹耳杯两件。椭圆形，新月形耳微上翘。木胎，内外均涂黑漆。双耳及口沿内外均用红漆绘几何纹饰。内底用红漆绘三鱼及四叶纹，并用金色和黄漆勾勒鱼的外形和鱼鳞等花纹，色彩和谐，形象逼真，栩栩如生。长21厘米，宽15.5厘米，高6.5厘米。

1975年10月至11月，在湖北省江陵县的楚纪南故城又

发掘了凤凰山 167 号汉墓，出土漆器九十余件。其器形有壶、
盒、盘、盂、奁、卮、耳杯等。绝大部分为木胎，制法分为旋
木、斫木、卷木三种。彩绘以黑红两色为主，有云、云鸟、圆
点、水波等纹饰。有的器底有烙印、针刻文字。此墓漆器的形
制、纹饰多与凤凰山其他汉墓相近[22]。

2．湖南汉墓

（1）长沙汤家岭西汉墓。汤家岭位于长沙小吴门外约 1.5
公里处，在袁家岭与五里牌之间。1963 年，在该地发现了一
座汉墓，出土的漆器大部分已腐朽而不能复原。其质地多夹苎
胎，如耳杯和盘等，也有木胎。这批漆器多镶嵌鎏金铜边或金
银箔片，表面装饰繁复[23]。

杯六件，已全部腐朽，夹苎胎。从残形看，器作椭圆形，
收腹，平底，两侧双耳作半月形，扣鎏金铜边，残长 10.2 厘
米。杯的腹外表及底部表里髹红褐色漆，腹内壁髹黑漆。花纹
用朱红漆绘于内壁，有圆涡纹、凤鸟纹等。杯外面用绿漆隶书
"张端君酒杯□□"。整个器形、纹样与贵州清镇平坝 15 号汉
墓出土的完全一致。

盘四件，已腐朽，叠置于鎏金铜盘之下。夹苎胎，折口，
收腹，平底，假圈足。口径 23.5 厘米，底径 8.5 厘米。鎏金
铜扣边将口沿包起，器外髹黑漆，内壁髹红漆，底部髹黑漆，
花纹用朱、黑、白等色绘于底部。盘的底部于棕色地上以朱漆
绘三圆圈，圈内各绘立熊一只，外圈用白漆勾成细线圆圈及棋
盘纹，内外圈皆用朱漆对称点在上述纹饰之间。盘的形制和纹
样与贵州清镇平坝 15 号墓的漆盘几乎完全一样。

奁全部破碎，能辨器形的只有三件。奁内放置铜镜、各种
形状的小漆盒及梳妆用品。方形奁一个、圆形奁两个。后者作

圆筒形，银扣，外表髹黑漆。一件奁腹上部贴金箔制成的车马人物，下部贴两周窄金箔条及云气纹等图案。奁内盛有银扣小漆盒多件，最上一层置铜镜一面。

盒能辨别者有上述方奁中的十个，形状有长方条形、长方形、圆形、椭圆形和马蹄形。器形一般不大，最大的圆形盒直径 9 厘米，高 10 厘米。有的盒镶银扣，器盖饰四个柿蒂纹银箔。

（2）长沙马王堆 1 号汉墓。马王堆位于长沙市郊五里牌外。1972 年 1 月至 4 月，湖南省博物馆对马王堆 1 号汉墓进行了发掘，出土随葬器物共计一千余件。其中漆器一百八十四件，大部分出土于东边箱，少数出土于北边箱和南边箱，全部保存完整，并且绝大部分光泽鉴人，完好如新。在已经出土的汉代漆器中，这是数量最大、保存最好的一批[24]。

长沙马王堆 1 号汉墓出土的漆器有鼎、钫、锺、盒、匕、卮、勺、耳杯、耳杯盒、盘、盂、案、几、屏风、奁等十六种。

鼎七件（图一三）。旋木胎，胎厚，体型稳重，有盖。两耳平直，三兽蹄形足。盖球面形，三个环形钮。器表髹黑漆，器内髹红漆。盖与器身绘红色和灰绿色的涡卷纹和方连纹等组成的几何云纹。足部用朱漆绘兽面纹。器底均书"二斗"两字。

钫四件（图一四）。斫木胎，直口平唇，口沿部分有一领圈，鼓腹，圈足，盖上有四个"S"形钮。器表髹黑漆，器内髹红漆。

锺两件。旋木胎，有盖，口微侈，平唇，长颈，大鼓腹，圈足，盖上有三个"S"形钮。器表髹黑漆，器内髹红漆，肩

图一三　湖南长沙马王
堆汉墓彩绘云气纹漆鼎

图一四　湖南长沙马王
堆汉墓彩绘云气纹漆钫

图一五　湖南长沙马王堆汉墓透雕龙纹漆勺

图一六　湖南长沙马王堆汉墓"君幸酒"彩绘龙纹漆耳杯

部和腹部为三圈朱色和灰绿色几何云纹。

盒四件。旋木胎，盖与器身子母口，盖顶有一圈高1厘米的凸棱，圈足。器表髹黑漆，器内髹红漆。盖用红色勾勒出三只凤，凤作反首回盼、互相呼应的姿态。盖上和器身腹部绘鸟形图案。盖内和器内均黑漆书写"君幸食"三字。

匕六件。斫木胎，分斗和柄两部分。斗作簸箕形，斗内红漆无纹饰；背面黑地，上绘红色和灰绿色云纹。长柄的柄端和柄中间各绘朱色宽带纹一道，其余为黑地，上绘红色、灰绿色的云纹。

卮七件。平底、直壁、直口、圆唇。器内髹红漆，器表髹黑漆。

勺两件（图一五）。竹胎。斗以竹节为底，为筒形，柄为长竹条制成，接榫处用竹钉与斗相连结。柄的花纹分为三段：近斗的一段为一条形透雕，上为浮雕编辫纹，髹红漆；中部一段为三条形透雕，上有三个浮雕编辫纹；柄端一段红漆地，上为浮雕龙纹，龙身绘黑漆，鳞爪描红。

耳杯共九十件。器形相似，大小略有不同。均为斫木胎、椭圆形、月牙形耳、圆唇、小平底。依漆书内容分为酒杯和食杯两类。酒杯（图一六）四十件。杯内均髹红漆，用黑漆书"君幸酒"三字。外壁和杯底髹黑漆，光素无纹。食杯五十件。杯内髹红漆，除了一件，均黑漆书"君幸食"三字。两耳及外髹黑漆，光素无纹。耳背书"一升半升"四字。

耳杯盒一件（图一七）。斫木胎，椭圆形。上盖和器身两部分以子母口扣合。器内和盖内髹红漆，器身和器盖均髹黑褐色漆，其上以红漆和黑漆绘云纹、旋涡纹和几何图案。底部光素无纹。上下口沿均红漆书"軑侯家"三字。耳杯盒内套装耳

图一七　湖南长沙马王堆汉墓彩绘漆耳杯盒

图一八　湖南长沙马王堆汉墓彩绘漆盘

杯七件，其中六件顺叠，一件反扣。反扣杯为重沿，两耳断面三角形，恰与六件顺叠杯相扣合，可谓设计奇特，制作精巧。

盘（图一八）有平盘两件、食盘十件、小盘二十件。旋木胎。盘为宽沿、敞口、浅腹、平底。盘内黑漆地上画猫四只，猫用红漆单线勾勒，内涂灰绿色，朱绘耳须、口眼、爪牙和柔毛。

漆器花纹主要有三种类型：一是几何纹类型，有方连变体花纹、鸟头形纹、几何云纹、环纹、菱形纹、点纹等；二是龙凤、云鸟、花草纹类型，有云龙纹、云凤纹、云兽纹、龙纹、云气纹、卷云纹等；三是写生动物纹类型，有猫纹和龟纹两种，见于十件食盘内。这批漆器的色彩一般以黑色作地，或者在黑地外加红色作衬色，用朱红和赭色，或者用朱红和灰绿色作画。

在所有漆器中，有朱砂、红漆或黑漆书写文字的占一百四十九件。有的书写在器物里面，如盒、耳杯盒、耳杯等；有的书写在器物外面，如鼎、锺、钫、盘等；有的器物里外都有字，如部分卮和耳杯。其文字内容分为物主标记、用途和容量等三类：一是物主标记，书写"軑侯家"字样，见于耳杯盒、案、平盘、食盘等二十件；二是用途，见于盒、卮、小盘和耳杯，共一百一十八件，分别写有"君幸酒"或"君幸食"字样；三是容量，见于鼎、盒、锺、钫、卮、食盘、小盘和耳杯，共一百三十一件，分别书写"石"、"四斗"、"二斗"、"九升"、"七升"、"六升半"、"四升"、"二升"、"一升半"、"一升"等字样。

另外，在鼎、匕、卮、耳杯、食盘、小盘、奁等七十三件漆器上发现有烙印的戳记。它们或打印在器内，或打印在器外。它们在同一器上，或打印一处，或打印数处。因打印后上漆，故字迹模糊。其中 213 号卮的戳记为"南乡□"，字迹较清晰。其他不易辨识，从字形推测，似都为作坊地名。

3. 江苏汉墓

（1）扬州七里甸汉墓。1962 年 3 月，南京博物院和扬州市博物馆清理了一座位于扬州师范学院和农学院两院所属农场的汉代木椁墓，出土漆器二十二件[25]。其中耳杯十一件、漆勺两件、漆盒六件、圆形漆奁盖一件、漆面罩一件、漆盘一件。其代表性的器物有耳杯，为楠木胎，长 15.5 厘米，宽 5—6 厘米。内外髹漆，外髹焦茶色，内髹朱红色。耳杯背面绘有长方形印章，内有篆体"朱"字，黑地红字。耳杯里面写有汉隶体"委"字，红地黑字。另有圆形漆奁盖一件，半径约 10.5 厘米，木胎，有隆起弦纹，内髹朱红，外髹黑色，上绘红色纤细花纹。其纹饰为细密的辐射弧纹，兼用点状的单弧、双弧纹。还有漆面罩一件，长 62.4 厘米，宽 35.5 厘米，高 28.3 厘米。除了背部为黑漆色，其他部分均髹红色。这件器物出土在男性棺内，出土时部分已残缺。由于遭到破坏，它已被移动。经复原后，其用途可能为掩盖面部的面罩。

（2）扬州东风砖瓦厂汉墓。1974 年 1 月，扬州博物馆在东风砖瓦厂发现一批汉代木椁墓，共清理墓葬七座。随葬品中有漆器七十余件。其器形有盒、耳杯，案、奁、壶、盘、面罩、枕、几、虎子等。其中多数为盒，达二十余种[26]。其代表性的器物如下：

彩绘漆枕一件。出土于 M5 棺内，木胎，髹黑漆，两端有彩绘，纹饰有云气纹、羽人、鸟兽纹等。残长 29 厘米，宽 8.5 厘米，高 2.6 厘米。

彩绘漆木梳箆两件。直接用彩漆在木胎上描绘花纹，以云气纹为主，云气间有羽人多组，有的操琴，有的骑鹤。

双层长方漆奁一件。木胎，内髹朱色，外髹赭色。长35厘米，宽21.2厘米，高16厘米。奁内上层放铜镜一面、梳箆各两件和长方形小漆盒一件，下层放有马蹄形漆盒和圆形漆盒各两件。盖与底以子母口扣合。其图案以朱漆绘云气和鸟兽纹等。

彩绘漆耳杯四件。出土于M4，夹苎胎。四件花纹相同，外壁为黑地朱绘，内为朱地黑绘，纹饰为如意纹和朱雀纹。长12厘米，宽9.8厘米，高4厘米。

"大皇"漆耳杯一件。木胎，口径长19厘米，宽（除耳）12厘米，高5.5厘米。外壁黑地朱绘如意纹和变体朱雀纹。器内朱地黑漆隶书"大皇"两字。

漆面罩四件。两彩两素，分别出土在M3、M5、M6。其中M3女棺和M5所出者为彩绘，M3男棺和M6男棺所出者为素面。M3女棺内的彩绘漆面罩为木胎，长60厘米，宽37厘米，高35.5厘米。内朱外赭色，以朱、绿、黄绘云气纹和鸟兽、羽人等形象，纹饰精细。用鎏金铜扣嵌在面罩上部一圈。

这批漆器的装饰方法有彩绘，有针刻。其图案以云气、鸟兽、羽人为最多。鸟兽的种类繁多，其中有朱雀、翡翠鸟、锦鸡、鹿、龙、虎和怪兽等。特别在云气中和鸟兽纹同时出现的羽人，一般作红衣红帽，头尖似角，手足细如鸟爪，两翅有张有合。有的飞奔，有的腾跳，有的抱膝而坐，有的骑兽，有的逐鹿，有的弯腰射箭等，千姿百态，十分动人。

（3）海州西汉侍其繇墓。1973年12月，南京博物院在连云港市海州区南门大队网疃庄附近清理了一座汉代木椁墓，出土随葬品一百零二件。其中有漆器三十八件，种类有漆奁（包括放在奁内的各种小漆盒）、食盒、耳杯、盘、碗等[27]。按制法可分为木胎和夹苎胎。凡食盒、奁、盘、碗之类皆为木胎，奁内小漆盒均为夹苎胎。这些漆器大多是外施黑漆，内施红漆。花纹分漆绘和针刻两种。漆绘一般是在黑地上加朱绘，朱地上加黑绘，有云气纹、卷云纹和点线组成的图案形花纹等。针刻花纹主要有云气纹、动物纹、羽形纹及几何纹等。其代表性器物如下：

食奁一件。出土时已朽烂，可看出为圆筒形，有盖。内壁施红漆，底部及盖顶的中心均有黑色"中氏"印记。器盖和器身外壁以土黄色为地，用黑漆各勾绘出三个人像，并采用平涂法填以红、黄、绿漆，在人像之间饰云气纹，上下边沿饰斜线纹图案。所画人物为男子形象，头顶束发，系帕头，衣为右衽长袖袍。其中一人正在舞蹈，一人奏乐，另一人似坐听者。惜该器已朽破，仅拼出部分画面。

耳杯七件。置于食奁内，均为夹苎胎，保存完好。按大小可分为三组：最大的长径 15.6 厘米的两件，其次长径 14.4 厘米的四件，最小的长径 10.7 厘米的两件。漆色都是外黑内红。外缘有两周红点纹，底面施纤细的针刻纹。最大两件为一对神兽纹，其余六件为一对夔龙纹，周围回绕多组平行短直线，并夹以红点纹。

漆盘五件。其中一件底部刻有"尚里朱公□"五字，末一字不识，疑为"制"字。

（4）盱眙东阳汉墓。盱眙县位于江苏省的西部，与安徽省天长县毗邻。1974 年 8 月，南京博物院与县文化部门一起清理了七座已经暴露的墓葬，出土的漆器主要是奁、盘、案、耳杯、高足杯、勺、六博棋、盖盒，其中耳杯居多。一部分已残破，仅能辨认是食奁、卮、方盒、长方形盒等器形。漆器大都是木胎，少数是夹苎胎。木胎系用木块挖削而成，器形有耳杯、案、盘、高足杯等。夹苎胎仅有奁盒和少量耳杯。一般内涂朱漆或赭漆，外涂黑漆。其花纹多由朱漆绘出，线条纤细流畅，主要有云气、卷云、圆圈、双叶、三角、点纹以及飞禽走兽[28]。其代表性器物如下：

耳杯七十九件。椭形圆口，新月形耳，浅腹，平底。可分大、中、小三种：大者长 15.5 厘米，宽 10.5 厘米，高 5.4 厘米；小者长 12.6 厘米，宽 7.5 厘米，高 3.8 厘米。M5∶18 为木胎，杯内髹朱色，外壁及杯底髹黑色或棕色，外沿及耳上朱绘同心圆圈纹、双叶纹。

大型耳杯与勺同出 M3，两者应为一套。大型耳杯的形制与一般耳杯相同，仅器形特大。它长 32.5 厘米，宽 25 厘米，高 12.2 厘米，木胎，杯内髹赭色，外壁及杯底髹黑色，外沿及耳上朱绘同心圆圈纹、黑色宽折带纹，外表朱绘卷云纹。

盘十四件。敞口，平沿外折，浅盘，平底。可分大、小两种：大者口径 23.6 厘米，底径 16 厘米，高 6.5 厘米；小者均残，底径 9 厘米。M3∶20 的盘内髹朱色，中心部位髹赭色，朱绘卷云纹，外圈朱绘几何云纹，口沿朱绘同心圆圈纹、双叶纹。

案七件。长方形，平底，底部两边贴宽木条，四角安兽蹄足。一般外表髹黑色或棕色，内髹朱色，案中心方框用绿色或黄色漆绘花纹。M5∶19 的中心框内朱绘卷云纹，外框髹赭色，朱绘卷云纹，案边髹赭色地朱绘几何云纹，兽蹄足髹赭色地朱

图一九 江苏盱眙汉墓彩绘嵌银箔漆奁

绘弧线。另外，M7 出土一种髹黑色与深绿色内框的案。

奁六件。夹苎胎。M01：3 保存较完整，为七子圆奁，由盒盖与盒身上下套合而成（图一九）。盖顶中心贴柿蒂形铜片，器表有银平脱走兽。盖顶、盒身下部、内壁口沿以及盒心都髹黑色，盒内髹朱色。盖顶朱绘几圈卷云纹、云气纹、双叶纹、几何云纹，盒身外表朱绘云纹、云气纹、几何云纹、双叶纹，盖心与盒心朱绘云纹、点纹。奁盒内盛铜镜和七个形状不同的小漆盒（包括长方形、椭圆形、马蹄形、圆形、四方形等）。小漆盒外表都髹赭色，朱绘云纹、云气纹、圆圈纹，分别放置木梳、木蓖、铜刷等物品，高 12.5 厘米，盖径 20.7 厘米，底径 19.8 厘米。

高足杯五件。木胎，铜扣，直口，深腹，铜高足。器内髹朱色，外表髹黑色，朱绘云气纹、几何云纹、菱形纹、圆圈及

锯齿纹。其中一件的口径 7 厘米，足径 5.8 厘米，通高 18.8
厘米。

六博棋盘一件。木胎，黑漆，色泽光亮，出土时已残缺。
经复原看出，盘面为正方形，刻规矩线，四角凿出柿蒂形镂
孔，盘足似"壶门"座。器表绘绿色的奇禽怪兽，疾驰飞奔，
姿态生动。长 40 厘米，高 9.5 厘米。

这批漆器色彩艳丽，纹饰变化多姿，线条流畅有序，图案
布局合理，飞禽穿云翱翔，走兽奔驰跳跃。它们虽然都没有烙
印戳记，但其产地可能就在广陵地区。

4．其他地区汉墓

（1）贵州汉墓。1958 年 12 月至 1959 年 4 月，贵州省博
物馆在清镇、平坝发掘了一百四十座墓葬，时代从汉至宋。据
粗略统计，汉墓约占 26％，三国至南朝墓约占 13％，宋墓最
多，约占 61％。汉墓出土的漆器中有耳杯和盘等。耳杯制作
精致，但未发现完整的器物，在填土中往往发现有鎏金的铜耳
及零星漆皮。盘除残片外，在 M56 出土一件完整器物。它的
口唇为铜胎鎏金，盘身花纹图案以黑朱两色彩绘。其铭文为
"元始四年，广汉郡工官造乘舆髹泊（箔）画纻黄扣饭槃，容
一升。髹工则、上工良、铜扣黄涂工伟、画工谊、泊（箔）工
平、清工郎造。护工卒史恽、长亲、丞冯、掾忠、守令史万
主"。此铭文共计六十一字[29]。

1966 年春，贵州省博物馆考古组在平坝县天龙镇发掘了
六座古墓，均有漆器发现，但已腐朽。能辨认器形的有耳杯和
盘两种，可复原的仅耳杯一种[30]。漆耳杯两件。A 式为夹苎
胎，椭圆形。器内壁涂朱红，内底黑色无纹饰。外壁黑地朱
绘，花纹分两层：上层为连续的圆形旋涡纹图案；下层分四

组，每组为两雀相对，雀后各绘一组圆形旋涡纹；中间以斜十
字及小方格纹隔开。器外底为黑色，无纹饰。器耳正面铜扣鎏
金，背面为斜方格纹中有卷云纹。长 17.6 厘米，宽 9.6 厘
米。这件耳杯的形制和花纹与贵州省清镇 1958 年出土的广汉
郡和蜀郡制造的漆耳杯完全相同，只是缺少铭文。B 式为椭圆
形，残存杯上部与器内壁为朱地黑绘涡形对称的图案；外壁为
黑地朱绘，残存一层花纹，长边两侧为连续斜十字纹；中间杂
有涡形纹，宽边两端为卷云纹和涡形纹组成的连续图案。器耳
正面及口沿均铜扣鎏金，背面为黑地朱绘卷云纹。长 19 厘米，
宽 10.5 厘米。

1972 年 7 月，贵州省博物馆在安顺县华严区宁谷公社发
掘了六座古墓。漆器均出土于 M16，均已残碎变形。从残存
的铜扣可辨认出数件小漆盒装在一个较大的圆形漆奁内。它们
为麻胎，髹黑褐色漆，铜扣，上有红色纹饰。据铜扣可辨别出
有马蹄形漆盒四件、大小圆形漆盒八件、大小长方形漆盒四
件[31]。

（2）山东汉墓。1972 年 4 月，在山东临沂县银雀山发掘
了两座西汉木椁墓，出土了《孙子兵法》和《孙膑兵法》等竹
简。1973 年 3 月，山东省博物馆和临沂地区文物组又发掘了
四座西汉墓葬，依次编为 3—6 号。这四座墓位于上次发掘的
1、2 号墓南边 10 余米，出土了一批罕见的漆衣陶器和精致的
漆器，部分漆器上有铭文[32]。漆器均出土于 M4，其中有耳杯
十六件、盘四件、卮两件、奁两件。除了漆盘为夹苎胎，其他
皆为木胎。木胎有两种：一为木料刻成，胎较厚实，如耳杯；
一为薄木片卷合胶粘而成，胎骨很薄，奁、盒、卮等皆属此
类，有的小漆盒胎壁仅厚 1.3—1.5 毫米。髹黑、红、褐色，

一般是黑表朱里，非常鲜亮。其花纹饰朱红色，有的还饰金色。技法除了描绘，主要施针刻线纹。其代表性器物如下：

耳杯两件。外髹黑漆，内髹红漆。长 17.2 厘米，高 4.8 厘米。外面底部戳记，M4:52 有"市府草"，其断处还有残字。M4:53 有"市"字。它们都是打戳记后再髹漆。

盘四件。夹苎胎，皆残裂。大口平沿，小平底。大小一致，口径 28 厘米，高 5.9 厘米。髹黑漆，饰朱红色卷云纹和图案化的鸟虫花纹。其中一件的底部有针刻的"马"、"门"两字。

卮两件。M4:58 受压变形，耳残失，圆桶状。外髹黑漆，内髹红漆，器表绘带状几何形图案。高 12.2 厘米，底径 11.8 厘米。外面底部有戳记"食官"两字，笔画内漆皮剥落，可能是漆成后再烙印戳记的。

奁一件。此奁为双层七子奁，分盖、上层、下层三部分，可依次套合。盖径 31 厘米，通高 20.5 厘米。外髹黑漆，内髹红漆，表里皆饰花纹。里面花纹饰于器盖和上层面，在红地上托出一黑漆圆面再饰花纹。纹样主要为针刻云气纹，配成排的短线或点纹。在针刻线纹的布局上用彩笔勾点，边饰还有针刻的菱形、三角直线、曲线等组成的几何形图案。奁内上层放铜镜，下层原木板底上刻出七个凹槽，嵌放不同形状的小漆盒。其形状有双层圆盒、单层圆盒、圆形小盒、马蹄形盒、椭圆形盒、盝顶长条形盒。双层七子奁在山东地区是首次发现。

（3）安徽汉墓。刘家古堆位于淮南市西郊，原名九里岗。1974 年，淮南市文化局组织发掘了刘家古堆汉墓，出土一批珍贵的漆器[33]。具体的器形有盘、碟、匜、耳杯等，有砂胎和木胎两种，多腐朽不成形，仅残存痕迹和一部分镶嵌的鎏金铜饰。盘一件，圆形，浅腹，鎏金铜口沿，外为黑色素面，内为黑地朱绘精美的花纹。口径 32 厘米。耳杯四件，全部腐朽，仅存鎏金铜耳。按残迹辨识，器形应为椭圆形，浅腹，小平底，外髹黑漆，内髹朱漆，砂胎，制作尚规整。口长 18 厘米，口宽 10 厘米。漆碟约十余件，形制大小相同，全部腐朽，仅残存痕迹。圆形，宽边，平底。外髹黑漆，内边髹黑漆，碟心髹朱漆。口径 15 厘米，高约 3 厘米。

1975 年 5 月，滁县地区文化局清理了位于天长县安乐公社北冈大队的七座汉墓。同年 10 月，安徽省文物工作队又清理了九座汉墓。两次发掘出土漆器共一百二十三件。具体器形有奁、盒、耳杯、盘、案、碗、果盒等。其代表性器物如下：

彩绘鸭咀柄盒一件（图二〇）。口径 17.5 厘米，高 11.5 厘米，通长 30 厘米，柄长 13 厘米。木胎，盒身圆形，上下结

图二〇　安徽天长汉墓彩绘云纹鸭嘴漆盒

合，圈足。柄作鸭咀张口状，喉部安置活舌，以手握鸭咀（即柄），一紧一松，盒遂开合。盒身内涂朱漆，外髹黑漆，朱绘云、龙、凤、仙人等花纹。柄部彩绘鸭头、眼、咀等，形象逼真。

彩绘漆勺一件。口径 5.9 厘米，通长 15.6 厘米。木胎，形如现在使用的汤勺。柄端作鸟头，喙缺。勺身内涂朱漆，外髹黑漆，朱绘卷云纹。

彩绘耳杯一件。通高 4 厘米，把高 2.6 厘米，长 10.5 厘米，通宽 9 厘米。木胎，形同普通耳杯，稍有不同的是一耳边缘带有蛇头形的竖把。内涂朱漆，外髹黑漆，朱绘对鸟、卷云花纹。

彩绘漆奁五件。分木胎和夹苎胎两种。圆柱形，盖套于底上。木胎两件，下有三小蹄足，均已破碎。其内髹朱漆，内口沿墨绘带形几何纹，内底墨绘圆形云纹图案；其外髹黑漆，用朱、黄等色绘卷云、神虎、仙人、兔、鸟纹等。夹苎胎三件。一件口径 14.3 厘米，高 12 厘米。其内髹朱漆，内口沿、内底面分别墨绘带形纹和圆形云纹；表面髹黑漆，朱绘花纹图案。盖顶镶银柿蒂，奁身饰银平脱禽兽图案。

彩绘双层银扣漆奁一件。口径 10.6 厘米，高 15 厘米。夹苎胎，保存完整，圆柱形，盖套于底上，底的口部还套一浅盘。外表髹黑漆。盖顶和下底嵌入三道扁银丝，形成突出的圆形银栏，顶端嵌银柿蒂，花瓣间和花心中嵌五颗珠饰，珠已不见，嵌窝仍存。盖、底外表和顶部均各扣银箍三道，浅盘的口沿也扣银箍一道。朱绘或宽或窄的带状流云纹，花纹间衬以金平脱动物图案。盖、底内部口沿墨绘几何带纹，内底和盖顶内墨绘圆形几何图案，线条细如毫发，构图生动。

双层月牙盒一件。半径 4 厘米，高 6 厘米，长 12.2 厘米。夹苧胎，保存完整。呈月牙形，有盖和上下两层盒，上层下部套于下层口沿内。盖顶嵌银柿蒂。内朱外黑，在光亮的漆面上朱绘云纹，形制优美。

椭圆形盒三件。夹苧胎。内外黑漆无花纹。每件内装八个"陈□卿第一"耳杯，其外底也朱书"陈□卿第一"五字。这三件又同装在一素面黑漆朱书"陈□卿第一"的大圆盒内。此盒与大圆盒已全部破碎。

彩绘碗两件。一件高 7 厘米，口径 12 厘米，底径 9 厘米；一件高 7 厘米，口径 13 厘米，底径 8.6 厘米。已残破，木胎，内口沿墨绘几何带纹，内底墨绘三个异兽组成的圆形图案，色调清新，构图殊异。腹外黑地朱绘卷云、三角菱纹图案。

彩绘案三件。木胎，长方形，有四个角形足，浅口沿外侈，皆残破。案内外以朱、黄等色描绘图案。一件长约 77 厘米，宽约 50 厘米。

彩绘扳杯（觯）一件。高 10 厘米，口径 10.3 厘米。木胎，嵌铜扳，已破损。内涂朱漆，内口沿、内底均墨绘图案；外髹黑漆，口缘及底缘朱绘几何圈带纹，腹部绘卷云、奔鹿、飞禽等图案。底有蹄形小足。

（4）四川汉墓。1976 年 2 月和 10 月，在西昌礼州中学校内先后发现了五座汉代土坑墓。M1、M3 墓底都有残存的漆器痕迹，仅有个别可以看清器形。其中有漆耳杯四件，均为椭圆形杯身，新月形鎏金铜耳。杯内饰朱漆，上绘黑漆花纹，已看不清。杯身大径约 19 厘米，小径 13 厘米。鎏金铜边漆器一件，直径约 25 厘米，边宽 12 厘米，厚 0.6 厘米，两边向内折，有漆痕，器形不名[35]。

1977年，在四川荥经县发现了三座木椁土坑墓，编号M1、M2、M3。在随葬器物中，有漆器二十七件，其中圆盒两件、奁两件、盒盖一件、耳杯十八件、双耳长杯一件、漆匕一件、扁壶一件、耳杯盒一件。除了一件为竹胎，其余为木胎和麻胎。多数内外髹黑漆，外表彩绘。少数内髹红漆，外髹黑漆，再红漆绘外表[36]。其代表性器物如下：

圆盒两件。由底、盖扣合而成，木胎，内髹红漆，外髹黑漆，黑漆地上用红漆绘卷云纹、变形凤纹、圆点纹等。M1圆盒通高17.4厘米，最大径19.4厘米。底与盖外部有朱书"王邦"两字，底上还烙印"成亭"两字。

奁盒两件。圆筒状，底、盖扣合，盖顶部隆起。木胎，卷制。内髹红漆，外髹黑漆。其中M1出土漆奁盒顶部用红漆绘鸟纹、圆点纹、几何纹，在侧部绘曲折纹、圆点纹。漆奁盒内装有木蓖、木梳、铜镜、炭晶发簪和木制发饰等。盖径18.2厘米，底径16.8厘米，通高8.9厘米。

耳杯九件。木胎，挖制。长16.4厘米，宽11.2厘米，高5厘米。内髹红漆，外髹黑漆，黑漆地上用红漆绘变形凤纹、圆点纹等。耳下部有朱书"王邦"两字。

(5) 两广汉墓。1960年9月，在广州三元里村马鹏冈发现一座西汉木椁墓。经清理后得知，漆器主要放在椁室后端和左后侧处，全为木胎，有耳杯、盘、奁、扁壶等[37]。耳杯压叠成堆，大小约三十余件。其中只有置于62号瓮内的一件耳杯是内髹朱漆，外髹黑漆，其余内外均髹黑漆。口沿外有朱漆绘的图案花纹，杯内有朱漆书□字，有的是用刀刻出的。盘四件，颇残，均有云纹等图案。其中一个盘底的残片写有"龙中"两字。扁壶一件，为全部出土漆器中保存最好的。扁壶两面各绘一只犀牛,侧面与圆形盖顶中央绘有图案花纹。

1971 年 10 月,在广西合浦汉墓内出土了耳杯、奁、盘、盒等漆器,分夹苎和木胎两种。夹苎胎的漆器已大部分腐朽,仅存铜扣和边饰[38]。其中有漆盘鎏金铜承座一件。盘为椭圆形,已朽,存铜座。此座通体鎏金,高 10 厘米。圆覆盖式底座,直径 12 厘米。座柄上分叉成十字形,作四螭仰首状。螭首上面有漆盘的残迹。漆盘鎏金铜扣两件,大小相同,圆形,直径 32 厘米。盘已朽,存铜扣和足。扣为凹形圆圈,三熊足,底扣和足相连,通体鎏金。耳杯两件,大小相同,均已残。椭圆形,木胎,镶鎏金铜扣。杯内朱绘云凤纹,双凤相对飞舞,细腻生动。耳杯鎏金铜耳十四件,有大小两种。大的长 10 厘米,宽 1.7 厘米;小的长 7.9 厘米,宽 1.1 厘米。耳杯已朽,存铜耳,通体鎏金。漆奁已朽,存鎏金铜饰和足,共四件,色泽光亮。其中有鎏金铜孔雀饰两件,似镶于奁盖;兽面衔活环一件,似镶于奁身;熊足一件,应附于奁底。熊脐嵌珠,造型生动。金平脱箔片盒已朽,仅存盒的鎏金铜边箍和散乱的金平脱箔片一百一十三件。箔片中有加彩的狩猎、飞禽、走兽和海水祥云等纹样。飞鸟展翅,走兽奔跑。狩猎者骑马飞驰,或引弓待发,或张索欲投,造型生动,惟妙惟肖。

(6) 西北地区汉墓。1975 年 2 月,咸阳市博物馆在咸阳市马泉公社清理了一座砖券墓。该墓发现大漆奁一个、小漆罐一个[39]。大漆奁内置三个小漆盒。全部漆器为麻布胎。大漆奁已破碎,从残痕看漆奁上面有朱绘云纹和各种兽纹、云纹、车、马、杂技、狩猎纹饰等。三个小漆盒,其中一件呈椭圆形,身上有银扣三道,器身饰流畅云纹,盖上有贴金箔的痕迹,高 5.5 厘米,边长 3 厘米,出土时里面盛着四个粉包。另一件呈方形，盖呈覆斗形，上有四叶蒂形金饰痕迹，四周有贴金鸟、兽等痕迹，身上有银扣四道，高5.8厘米，边长4厘米。出土时里面有铁针七、八个，放在针筒里。漆罐一件，保存完整。直口，子母唇，鼓腹，小平底。盖隆起，上面有四叶蒂形金饰痕迹，身上有银扣三道。肩上朱绘锯齿纹一道，其下为朱绘云纹。高8.2厘米，口径5.5厘米，腹径9.2厘米，底径5.4厘米。

（四）汉代漆器的特点及繁荣原因

汉初为发展经济，采取了很多具体措施。据《史记·货殖列传》记载："汉兴，海内为一，开关梁，弛山林之禁。"鼓励的政策和措施进一步促进了生漆的生产，从而为漆器制造业提供了大量资源。西汉政治上的统一与安定，加上经济上的繁荣，促使漆器制造出现了大发展的局面。

新中国成立以后，在中国的广大地区发现了大批的汉墓，出土了丰富的汉代漆器。其中以湖北江陵、湖南长沙、江苏扬州所出的漆器最具代表性。

1. 对春秋战国特别是楚国漆器的继承和发扬

江陵汉墓位于湖北江陵纪南城东南隅，墓葬多属汉文帝和汉景帝时期，其中有的墓葬有明确纪年。江陵汉墓的棺椁、衣衾制度并没有超出传统礼制的范畴，并且较多地沿袭了关中秦人的丧葬习俗。墓中的随葬品除了少量钱币、铜镜、带钩，铜容器很少，但各种生活日用漆器却占有显著位置。江陵汉墓漆器保存良好，其胎质、造型和纹样与马王堆1号和3号墓中出土的漆器几乎一致。通过烙印、戳记可知，它们都是成都市府漆工作坊的产品。其中比较珍贵的有彩绘神人怪兽纹龟甲形漆盾、彩绘漆耳杯盒、彩绘鹤纹匜和彩绘七豹纹扁形漆壶等。

长沙汉墓分布在湖南长沙周围，有从西汉到东汉时期的各种规格的墓葬一百多座。据《史记》和《汉书》记载，公元前202年，汉高祖刘邦曾封吴芮为长沙王，传有四代，到汉文帝后元七年（公元前157年）无后国除。汉景帝前元二年（公元前155年），又封刘发为长沙王，传至王莽篡政。长沙国的首府临湘，即今天的长沙市。两代长沙王均在长沙周围留有大量墓葬。其中吴氏长沙国的一些贵族墓葬主要分布在湘江以西、东郊和南郊；刘氏长沙国的贵族墓葬分布在北郊伍家岭，东郊五里牌、徐家湾、汤家岭，南郊砂子塘等地。东汉墓散布在市区四郊。

在西汉前期的长沙墓中，大量流行漆器随葬。器形主要有鼎、壶、锺、钫、盒、奁、卮、盘、案、耳杯等。器形与同类的陶器基本相同，说明当时多数漆器造型都是仿照陶器而来的。在一些大型墓中，有多子奁、圆案、长案等出土，制作精致。这一时期，西汉流行的金银扣器发现的还比较少。其中有代表性的漆器是马王堆1号汉墓发现的彩绘漆棺、彩绘竹雕龙纹漆勺、彩绘云纹漆案和杯盘以及马王堆3号汉墓发现的彩绘长方形漆奁等。西汉后期的长沙墓中以杨家湾和吴家岭墓出土的漆器最具代表性。这一时期的器形主要有盒、盘、奁、案、耳杯等，夹苎胎和金银扣器明显增多。西汉前期出现的平脱金银箔贴花工艺，这时更加流行。这一工艺一般施于奁、盒和案上。它是用纯金（或银）锤成极薄的薄片，然后剪成人物、走兽、飞禽、云气等花纹图案，上面又压极细的花纹，再粘贴于漆器上的一种复杂工艺。1951年发掘的吴家岭221号墓、

1963 年发掘的汤家岭 1 号墓等都发现有这一工艺。

汉代漆器的使用范围、制造技术、装饰手法等，都继承并发扬了春秋战国特别是楚国漆器的精华。汉代的漆器有鼎、壶、钫、樽、盂、卮、杯、盘等饮食器具，还有几、案、屏风等家具，种类很多，但占主要的还是饮食器具。

从目前所见实物来看，汉代漆器有木胎、夹苎胎、竹胎、金属胎、陶胎、牙骨胎和皮胎等。其中占主要的是木胎和夹苎胎，其余都很少见。制作方法有刮削、剜凿和卷制三种。后一种方法制成的漆器成胎后，为了不漏接逢，一般要用麻布裱裹起来，然后再涂漆。

夹苎胎最早出现在战国时期，又称重布胎、脱胎。其制作方法以《刘正奉塑及》所言："漫帛土偶上而髹之，已而去其土，髹帛俨然成像矣。"从发现的实物来看，汉代的夹苎胎漆器是先用木头或泥土制成器形作为内模，然后用多层麻布或帛附于内模，干实以后，去掉内模，便剩下夹苎胎。夹苎胎具有坚实轻巧、不易走形或割裂的特点，属于技术要求严格、工序较为复杂的制胎方法。

汉代漆器的装饰工艺主要有如下几种：第一，漆绘。用生漆制成半透明的漆液，加上各种颜料，再描绘在已经涂漆的器物上，色泽光亮，不易脱落。大多数漆器上的花纹都是用这种方法描绘成的。一般是在黑漆上绘红、赭、灰绿色漆，也有少量在红漆地上绘黑色漆的。第二，油彩。它是用朱砂或石绿等颜料调油（可能是桐油），再画于已髹漆的器物上，见于奁、几、屏风等器物。例如，马王堆汉墓出土的双层九子奁是髹黑褐色漆为地，再在漆地上贴金箔，然后用油彩描绘，色彩有红、黄、白、金、灰、绿等色。这种油彩因其中的油脂年久老化，所以极易脱落，从而破坏所绘纹饰的原貌。第三，针刻。用针尖在已经涂漆的器物上刺刻花纹。汉代已经有"锥画"的文字记载，实际就是针刻的另一种称谓。这种针刻纹见于小型器。针刻技法往往不是单独运用的，有的要在针刻线条内填上金彩，形成好似铜器上那种错金银的效果。上面提到的双层九子奁中放置的一部分小奁，就使用了针刻加油彩的方法。

另外，金银镶嵌是汉代漆器为增加艺术效果而采用的一种镶嵌技术。这可以使漆器更加华贵精美。汉代漆器上的金银镶嵌工艺有两种：一种是贴金银箔。用金、银箔制成各种图纹，然后贴于器物的表面，产生类似"金银平脱"的效果。这种花纹一般为飞禽、走兽、车马、人物以及各种几何图案。另一种是所谓的"扣器"。西汉中期以后，盛行在漆盘、樽、奁等器物的口沿上镶嵌镀金或镀银的铜箍，在漆杯的双耳上镶嵌镀金的铜壳。这种技艺在《盐铁论》上称作"银口黄耳"，在《后汉书》中称为"扣器"。东汉时，有些漆器的盖子上贴有柿蒂形铜饰，同时镶嵌水晶或琉璃珠，应当是"扣器"工艺的再发展。在汉代漆器中，金银镶扣漆器是最名贵的。

2．具有鲜明地方特色的扬州漆器

扬州是汉时长江沿岸的一座重镇，也是刘姓宗室被封之地。优越的地理位置和发达的经济文化，促进了扬州手工业的发展，漆器制造业尤为发达。扬州有着规模可观的两汉宗室及其亲属、臣僚的墓葬群。从其中出土的大批漆器，使扬州成为研究汉代漆器的重要地区。

汉代漆器深受楚国漆器的影响，如长沙马王堆、江陵凤凰山、云梦大坟头三地都位于原楚国地域，并与楚国漆器一脉相承。扬州的漆器主要是从汉代才形成规模生产，并发展起来的。由于大批汉王室人员来扬州定居做官，带来了中原的传统文化，使其漆器生产更多地融入了秦代漆器的风格，并吸收了楚国文化的神奇和浪漫。据统计，扬州汉墓中出土的漆器有一千多件，如果包括残片则可能有一万多件。这些漆器无论是造型，还是装饰、制作技术，都有着几乎完全一致的风格，自成体系[40]。

这批漆器的胎形作法，有纯木胎、薄木胎，夹苎胎三种。这三种胎的漆器，从表面髹饰来看，有单色如外黑内朱，有单色地上绘单彩如黑地朱绘和朱地黑绘，还有单色地上用两色或多色彩绘，在比较珍贵的器物上则采用黑地金银彩绘和朱地金银彩绘两种。色调丰富多彩，红色中有朱红、赭红，还有蓝紫、粉绿、乳白和金银等色。

扬州汉漆的品类很丰富。生活用具有奁、笥、碗、勺、盘、樽、耳杯、壶、匜、枕、量、尺、梳、篦、虎子、几、案、箱、榻等；文具玩具有沙砚、砚盒、六博局等；兵器有剑箙、剑檄、剑杆、刀鞘、剑鞘、戈鞘、弓、弩、矛、盾、弓剑架等；乐器有琴、瑟等；丧葬用具有面罩、漆棺等。扬州漆器也是以生活日用品为主的，但与其他地区漆器的显著不同是扬州漆器由于成功地运用了薄木胎卷制工艺，使胎质更显轻灵，造型更加洗练。它既具有秦代漆器的挺健风格，也不乏江南文化的秀丽内涵。如果说河南信阳漆器是以方棱突出、质朴厚实的漆木家具为主，湖北江陵漆器是以与木雕结合、造型夸张的陈设品见长，湖南马王堆汉墓中的生活日用漆器是以大件的鼎、钫、壶为主，那么扬州汉墓中的漆器则是以胎薄质轻的日常生活用品占有绝对多数。

扬州漆器在造型上多有不拘一格之处。有些甚至在其他地区不曾见过或很少出现，如漆面罩。面罩原是一种丧葬器具，用于遮挡死者的面部。漆面罩除扬州外，其他地区基本不见，或偶有所见也与扬州制作的风格一致，怀疑是从扬州流传过去的。扬州出土的汉代漆面罩有近十件，制法分为素面、彩绘、彩绘镶嵌、贴金箔等。其他还有漆枕、漆沙砚、正圆漆耳杯、三足圆漆案等，有些带有明显的秦代漆器的味道。

扬州汉漆的用色也别具风格。江陵出土的汉漆是暖色块和大块冷色共用，马王堆出土的汉漆大都在红、黑两色之间用黄色，或用灰、绿、白等明显的冷调色块。它们都在追求鲜艳明快的风格。扬州汉漆很少用正黑，而是大量地采用酱紫、褐、黄褐、黑褐等为底色绘制图案，或是在朱色地上绘黄漆，在黑地上绘褐漆，即使偶尔用冷调颜色，也用笔清淡细微，使漆绘图案基本属于暖色调，精致、典雅、柔美、温和。

扬州汉漆的装饰题材则主要是想像中的神禽瑞兽和羽人形象，另外则是反映社会生活的场景和山川景象。扬州漆器在装饰中擅长借助抽象的云来分割画面。这些云如同游丝一般，飘浮于装饰主体周围，使漆器富有了生机和灵气。

扬州汉漆在汉代漆器中别具风格的另一个主要原因是精湛的制造工艺。从出土的漆器来看，扬州汉漆擅用各种胎质。一般以木胎为主，夹苎胎、竹胎的使用很丰富，也有铜胎与木胎、皮胎与木胎的结合，而最能代表扬州汉漆制胎水平的则是薄木胎漆器。扬州汉漆有着成熟的镶嵌和金银平脱技艺。在扬州汉漆发现以前，研究者多认为金银平脱工艺开始于唐代，但从考古发现的实物来看，扬州汉漆已经较多地使用镶嵌和金银平脱工艺了。另外，扬州汉漆巧妙地把漆器艺术和铸铜工艺结合在一起，构成了扬州汉漆的主要特色之一。

3.汉代漆器空前繁荣的原因

汉代长期稳定的政局，经济的繁荣，手工业和商业的发展，为漆器制造业的繁荣提供了基础。具体分析，汉代漆器的繁荣还有一些更为直接的因素。

第一，汉代漆器制造业内部有了更加明确和细致的分工。在贵州省清镇出土的一件漆杯上有这样一段铭文："元始三年，广汉郡工官造乘舆髹泊（箔）画木黄耳杯，容一升十六仑。素工昌、髹工立、上工阶、铜耳黄塗工常、画工方、泊（箔）工平、清工匡、造工忠造。护工卒史恽、守长音、丞冯、掾林、守令史潭主。"[41]在贵州省清镇出土的一件漆盘上也有关于漆工的铭文："元始四年，广汉郡工官造乘舆髹泊（箔）画纻黄扣饭槃，容一升。髹工则、上工良、铜扣黄涂工伟、画工谊、泊（箔）工平、清工郎造。护工卒史恽、长亲、丞冯、撰忠、守令史万主。"实际上，在汉代初期，漆器制造业就有了明确的分工。例如，云梦大坟头出土的汉初漆器上，已经有了"素"、"上"、"包"、"告"（造）等字样的戳记。素是制木胎的，如果制造夹苎胎漆器，则不用素工；髹是上漆工，有时作"上工"，髹工与上工的主要区别在于髹工是指初步上漆，上工是指进一步上漆；铜耳黄涂工是专门在漆器所镶嵌的铜耳上镀金，如果制作镶有铜箍的漆盘或壶等，则称为"铜扣黄涂工"；画工是在漆器上描绘纹饰；泊（箔）工是雕刻出各种形状的金银箔片，然后嵌贴在漆器表面。清工专门将制成的漆器加以修整和洗净；造工是漆器制造场的工人主管。细致的分工不仅为漆器的大量生产创造了必要的条件，而且由于专业操作，使技术更加娴熟，从而制作出来的漆器也更加精美。

第二，汉代对山林禁采的放松，扩大了生漆生产，为漆器制造提供了大量生漆资源。汉代生漆的生产地很广，文献记载也很多。例如，《史记·货殖列传》曰："山东多鱼、盐、漆、丝、声色。"《太平御览》卷七十六引何晏《九州论》载："共汲好漆。"同卷引《续述征记》曰："古之漆园在中牟，今犹生漆树。"《华阳国志·巴志》称巴地盛产"丹漆"。《华阳国志·蜀志》谈到蜀有"漆麻之饶"。《金石索》卷五《金索·玺印之属》载有"常山漆园司马"和"漆园司马"两枚汉印，便是常山产漆的凭据。《盐铁论·本议》中有陇、蜀、兖、豫产漆的记载。从上述史料可知，汉代有很多地方生产生漆。这就极大地促进了漆器制造业的发展。

　　第三，汉代青铜器的地位已经衰落，瓷器尚未进入人们的日常生活。当时最高贵的用品就是华美、轻巧、适用的漆器了。因此，漆器成为汉代达官贵人身份和地位的象征。据桓宽《盐铁论·散不足》记载："一杯捲用百人之力，一屏风就万人之功。"制作一件漆器需要多道工序，费人、费力，也就增加了漆器的价值。《盐铁论》中还有"一文杯得铜杯十"的记载。所谓文杯，就是描绘图案的漆杯。其价值等同于十个铜杯，可见其珍贵。据考古发现证明，汉代的达官贵人往往喜欢在其使用或制造的漆器上书写自己的姓氏或官爵，使其成为漆器私有的标志，成为身份和地位的象征。在朝鲜平壤王盱墓和王光墓中出土的汉代漆杯上，就有"利王"和"王氏牢"的铭文[42]。江苏海州霍贺墓出土的漆食奁上有长方形墨印"桥氏"[43]。江苏仪征烟袋山漆器有铭文"周氏"[44]。在湖南长沙马王堆利苍家族墓葬中出土的许多漆器上都有"軑侯家"铭文。在汉代漆器上，还有书写"上林"的，当是上林苑专用；有的刻"大官"、"汤官"，说明其拥有者是主管皇家膳食的官署。据《汉旧仪》所载："大官令尚食，用黄金扣器；中官长、私官长尚食，用白银扣器。"由此可见，当时宫廷和贵族使用的器皿主要是漆器。在汉代漆器中，最珍贵的当属各种带有金银装饰的扣器。《汉书·禹传》载："尝从之东宫（即永乐宫），见赐杯案，尽文画金银饰。"《盐铁论·散不足》曰："今富者银口黄耳，金错蜀杯。"为了表明自己的富有，显示自己的身份，不少贵族竞相储藏大量漆器，甚至一种物品就达数千件之多。在平壤出土的两件新莽时期（公元前45年—公元23年）的漆盘上，其底部分别刻有"常乐大宫，始建国元年正月受，第四百五十至四千"和"常乐大宫，始建国元年正月受，第二千一百七十三至三千"字样。这些充分说明了当时的长乐宫（新莽时期改为常乐室）中所用漆器之丰。

第四，官营和私营的并举，促进了漆器制造业的繁荣。在湖北江陵凤凰山出土的漆器中常见用隶书烙印的"成市草"、"市府草"戳记。这是由成都市府的作坊生产的，属于较早的汉代官营漆器。湖南长沙马王堆汉墓中发现的漆器具有与江陵汉墓漆器同样的风格和戳记，表明它们也都是由成都市府作坊生产的。由此可见，蜀郡生产的漆器除了供应本地，也大量销往外地。考古发现还证明，西汉前期有由诸侯王和受封列侯直接经营或管辖的漆器作坊。在安徽阜阳双古堆汝阳侯墓出土的漆器中，有的烙印"女（汝）阴"戳记，针刻"女（汝）阴"款式，并有司造官吏和制造工匠姓名、器物名称、尺寸、容量等内容。这是由汝阴侯府自设漆器作坊的产品。人们也将其视作与市府作坊并存的官营漆业。除上述之外，广州西村石头岗、三元里马鹏岗、广西贵县罗泊湾、山东临沂汉墓等出土的漆器，从器底戳记来看，也都是当时的郡或市府所属的作坊制造的。

　　据《汉书·地理志》记载，汉王朝在河南郡（治所在洛阳）、河内郡的怀县（今河南武陟）、颍川郡的阳翟县（今河南禹县）、南阳郡的宛县（今河南南阳）、济南郡的东平陵县（今山东章丘）、泰山郡及其属县奉高（今山东泰安）、蜀郡的成都县（今四川成都）、广汉郡（治所在今四川梓桐）及其所属的雒县（今四川广汉）都设有工官。这些工官由中央政府直接控制。其生产的产品，除了供给朝廷，也销往外地。从漆器的生产看，到西汉中期，四川已经成为当时漆器制造业的中心，并由成都市府经营改为中央政府直接控制。蜀郡和广汉郡所生产的漆器，主要供宫廷使用。

　　在汉代漆器的铭文中，"护工卒史"、"长"、"丞"、"掾"、"守令史"等官吏在不同年份中所见名字往往不同。这是因为在汉代的官营制漆作坊中，官吏是经常更换的，一般一、二年即被更替。

　　到西汉后期，蜀郡、广汉郡工官成为最重要的官营漆器生产机构。工官由所在郡太守管辖，督造和司造官吏有着较多的层次，且官职制度时有变更。从出土漆器来看，蜀郡和广汉郡工官制造的耳杯，在式样、尺寸、铭文体例上相互一致。这说明两处工官的漆作坊之间，有着统一的技术规范和一致的管理制度。除了蜀郡和广汉郡，设在长安的工官也制作漆器，并且有着较高的水平。在我国甘肃武威和朝鲜平壤发现的一些漆器中，带有"考工"、"右工"等铭文的便是由长安制造。"考工"和"右工"都是少府属下的工官，由"右丞"负责制造。

　　到了东汉中期，蜀郡和广汉郡工官便不再专门为宫廷制造漆器了。这说明汉代的官营漆器制造业正在走向衰落，代之而起的是由各地豪强地主经营的私营手工业作坊。虽然目前还没有发现明确的关于私营制漆业的史料，但从出土的漆器中仍然可以推断出汉代私营制漆业实际上在西汉时期就已经存在，并占有一定的地位。在江苏连云港海洲西汉霍贺墓中出土的一件漆奁上，就有墨绘长方形印章，篆书"桥氏"二字。这一般被认为是私人作坊的印记。另外，在西汉"姜莫书"木椁墓中出土的一件素面耳杯上，印有一个"仙"字。此件漆器与同时官营作坊生产的漆器有着截然不同的风格，当属私人作坊的产品。官营作坊生产的大量漆器也可作为私营作坊的佐证。如果没有私营，官营作坊也就没有必要在其所制造的漆器上明显地标明"官工造"了。

注　释

[1] 商承祚《长沙古物闻见记》，金陵大学中国文化研究所，1939 年。

[2] 李学勤《论美澳收藏的几件商周文物》，《文物》1979 年第 12 期。

[3] 裘锡圭《从马王堆一号汉墓遣策谈关于古隶的一些问题》，《考古》1974 年第 1 期。

[4] 广州市文物管理委员会《广州东郊罗冈秦墓发掘简报》，《考古》1962 年第 8 期

[5] 云梦睡虎地秦墓清理小组《云梦睡虎地秦墓》，文物出版社 1981 年版；湖北省云梦县文物工作组《湖北云梦县睡虎地秦汉墓发掘简报》，《考古》1981 年第 1 期；湖北省博物馆《1978 年云梦秦汉墓发掘报告》，《考古学报》1986 年第 4 期。

[6] 湖北省文物考古研究所等《云梦龙岗秦汉墓地第一次发掘简报》，《江汉考古》1990 年第 3 期。

[7] 云梦县博物馆《湖北云梦木匠坟秦墓》，《文物》1992 年第 1 期。

[8] 湖北省博物馆《湖北省文物考古工作收获》，《文物考古工作三十年》，文物出版社 1979 年版。

［9］湖北荆州地区博物馆《江陵杨家山 135 号秦墓发掘简报》，《文物》1993 年第 2 期。

［10］陈振裕主编《中国漆器全集》第 2 卷，福建美术出版社 1997 年版。

［11］湖北省沙市周梁玉桥遗址博物馆《关沮秦汉墓清理简报》，《文物》1999 年第 6 期。

［12］湖北省鄂城县博物馆《鄂城楚墓》，《考古学报》1983 年第 2 期。

［13］驻马店地区文管会等《河南泌阳秦墓》，《文物》1980 年第 9 期。

［14］始皇陵秦俑坑考古发掘队《临潼县秦俑坑试掘第一号简报》，《文物》1975 年第 11 期；始皇陵秦俑坑考古发掘队《秦始皇陵东侧第 2 号兵马俑坑钻探试掘简报》，《文物》1978 年第 5 期。

［15］四川省荥经古墓发掘小组《四川荥经古城坪秦汉墓葬》，《文物资料专刊》第 4 期。

［16］四川省文管会等《四川荥经曾家沟战国墓群第一、二次发掘》，《考古》1984 年第 5 期。

［17］云梦睡虎地秦墓整理小组《云梦睡虎地秦墓》，文物出版社 1981 年版。

［18］云梦县文物工作组《湖北云梦睡虎地秦汉墓发掘简报》，《考古》1981 年第 1 期。

［19］湖北省博物馆《云梦大坟头一号汉墓》，《文物资料丛刊》第 4 期。

［20］长江流域第二期文物考古工作人员训练班《湖北江陵凤凰山西汉墓发掘简报》，《文物》1974 年第 6 期。

［21］纪南城凤凰山一六八号汉墓发掘整理组《湖北江陵凤凰山一六八号汉墓发掘简报》，《考古》1975 年第 9 期。

［22］凤凰山一六七号汉墓发掘整理小组《江陵凤凰山一六七号汉墓发掘简报》，《文物》1976 年第 10 期。

［23］湖南省博物馆《长沙汤家岭西汉墓清理报告》，《考古》1966 年第 4 期。

［24］《长沙马王堆一号汉墓》，文物出版社 1973 年版。

［25］南京博物院、扬州市博物馆《江苏扬州七里甸汉代木椁墓》，《考古》1962 年第 8 期。

［26］扬州博物馆《扬州东风砖瓦厂汉代木椁墓群》，《考古》1980 年第 5 期。

［27］南波《江苏连云港市海州西汉侍其繇墓》，《考古》1975 年第 3 期。

［28］南京博物院《江苏盱眙东阳汉墓》，《考古》1979 年第 5 期。

［29］贵州省博物馆《贵州清镇平坝汉至宋墓发掘简报》，《考古》1961 年第 4 期。

［30］贵州省博物馆考古组《贵州平坝天龙汉墓》，《文物资料丛刊》第 4 期。

[31] 严平《贵州安顺宁谷汉墓》,《文物资料丛刊》第 4 期。

[32] 山东省博物馆、临沂文物组《临沂银雀山四座西汉墓葬》,《考古》1975 年第 6 期。

[33] 淮南市文化局《安徽省淮南市刘家古堆汉墓发掘简报》,《文物资料丛刊》第 4 期。

[34] 安徽省文物工作队《安徽天长县汉墓的发掘》,《考古》1979 年第 4 期。

[35] 礼州遗址联合考古发掘队《四川西昌礼州发现的汉墓》,《考古》1980 年第 5 期。

[36] 荥经古墓发掘小组《四川荥经古城坪秦汉墓葬》,《文物资料丛刊》第 4 期。

[37] 广州市文物管理委员会《广州三元里马鹏冈西汉墓清理简报》,《考古》1962 年第 10 期。

[38] 广西壮族自治区文物考古写作小组《广西合浦西汉木椁墓》,《考古》1972 年第 5 期。

[39] 咸阳市博物馆《陕西咸阳马泉西汉墓》,《考古》1972 年第 2 期。

[40] 张燕《扬州漆器史》,江苏科学出版社 1995 年版。

[41] 贵州省博物馆《贵州清镇平坝汉墓发掘报告》,《考古学报》1959 年第 1 期。

[42] 梅原末治《中国古代漆器的文字》。

[43] 南京博物院、连云港市博物馆《海州西汉霍贺墓清理简报》,《考古》1974 年第 3 期。

[44] 南京博物院《江苏仪征烟袋山汉墓》,《考古学报》1983 年第 4 期。

五　三国两晋南北朝漆器

战国、秦、西汉是中国古代漆器的空前繁荣时期。这一阶段持续时间长达四百年之久，是漆器发展史上的第一次高潮。东汉中期以后，由于政治的动乱，漆器在人们生活中的特殊地位有所下降，漆器的生产开始缓慢，但无论是魏晋还是唐宋，仍有不少漆器品种和制漆工艺涌现出来，已有的漆器品种和工艺也得到了不断的丰富完善和发展提高，并最终迎来了宋元时期漆器的复兴。

从考古发现来看，三国两晋南北朝时期的漆器，无论出土的数量，还是漆器的种类都大不如汉代。其中三国时期的漆器以东吴为主，南北朝时期的漆器则以北魏为主。

（一）东吴漆器的考古发现及特点

1. 东吴漆器的考古发现

（1）湖北鄂城东吴墓。在湖北鄂城曾发掘了四座东吴墓葬[1]，共发现漆器二十多件。这批漆器的器形有耳杯、碗、果盒、盒、屐、方盒、案、俑等，说明了三国漆器品种和造型的变化。其中有两件属于布胎漆器。

（2）安徽南陵麻桥东吴墓。1978年11月，在安徽省南陵县麻桥东吴墓中发现的漆器以果盒、碗、奁、小圆盒、梳篦盒、纺锭、线板为主要品种，装饰上多用镶嵌技术[2]。果盒两件。素面无纹饰，木胎，内涂红漆，外髹黑漆。盖、盒均为盘状，盒内一大方格内分三小格，大方格的四角各有一条延伸线至盘口，似四出五铢钱样式。盘径 30.2 厘米，高 8 厘米。碗两件。一大一小，形制相同。直口圆唇，口沿外有一道宽带凹弦纹，在凹槽内涂以朱漆，璧形底。大碗 M3：6 高 6.1 厘米，口径 16 厘米，底径 8 厘米。小碗 M2：22 高 4.7 厘米，口径 11.7 厘米，底径 6.4 厘米。双层奁一件。M2：25 圆筒形，中层既是上层的奁盒又是下层的套盖，盖顶用铜片饰一柿蒂纹，每层均有上下两道铜扣。直径 8.8 厘米，高 6 厘米。长方形盒一件。M2：26 素面无纹饰，木胎器身及套盖均镶三道铜箍，盖顶嵌铜柿蒂形图案，四沿用 1 厘米宽铜片镶成方框。长 8.2 厘米，宽 4.8 厘米，高 4.7 厘米。小圆盒一件。M2：27 圆形筒状，盖顶镶铜柿蒂纹钮饰，盖、盒均有三道铜扣。直径 6.1 厘米，高 5 厘米。梳篦盒一件。M2：28 为夹苎胎，盒呈马蹄形，内外均涂黑漆，套盖外表面用朱漆绘有飞禽走兽及流云纹图案，内装木质梳篦各一件。盒长 8 厘米，宽 7.8 厘米，高 4.4 厘米。木梳上端呈半圆形，连齿长 8.2 厘米，宽 7.1 厘米。

（3）江西南昌市东吴高荣墓。1979 年 6 月下旬，江西省博物馆在南昌市阳明路中段南侧清理了东吴高荣墓。该墓出土漆器共十五件[3]。其器形有榻、耳杯、盘、钵、碗、奁盒等，均为木胎，有的木胎外再贴麻布。器外表多为黑色，内为暗红或朱色，少数器表有彩绘和镶嵌装饰。其代表性器物如下：

盘两件。大者高 4.5 厘米，口径 26.5 厘米，底径 19 厘米，假圈足径 12 厘米。小者高 2 厘米，口径 12 厘米，底径 8.5 厘米，假圈足径 4 厘米。形制相同，大小有别。内底有凸弦纹两道，大者在弦纹之间漆朱色，小者则彩绘云纹。敞口，卷唇，斜壁，在平底中部再凸出假圈足。

碗四件。大小各两件。大者高 5.6 厘米，口径 17 厘米，底外径 9.5 厘米，底内径 6.2 厘米。小者高 3.5 厘米，口径 11.5 厘米，底外径 6.5 厘米，底内径 4.5 厘米。形制相同，侈口，圆唇，口沿外有宽凹弦纹一道，在凹槽中填朱漆圈足。

盒两件。形制、大小相同。高 5 厘米，直径 6.7 厘米。形似奁盒。呈圆筒形，脱胎器，外罩套盖。盖顶中用铜镶嵌柿蒂形图案钮饰，图案外圈镶有 1 厘米宽的铜片，顶盖边沿彩绘缠枝纹。筒腹上亦间隔镶嵌铜片两道。

奁盒两件。形制、大小相同。高 15.5 厘米，直径 25 厘米。圆筒形，内有盘形盖，外加套盖，盖顶中心用铜镶嵌柿蒂形图案钮，在每瓣中和蒂中心各镶嵌水晶珠一颗，每瓣之间有彩绘旋涡纹，其外则为彩绘的飞禽走兽。柿蒂形图案外用铜片镶嵌两圈，盖顶边角处亦用铜片包镶，盖体下沿及中部也镶嵌有铜片。每圈铜片宽 2 厘米，每圈铜片间彩绘飞禽走兽。

圆盖一件。高 3.2 厘米，直径 28 厘米。盖较完整，器体已朽。盖为子口，顶中镶嵌铜柿蒂形纹图案，四周彩绘流云纹。盖顶部有凸弦纹三道，每道弦纹之间均有彩绘图案。外围第一圈分成三等分，每等分的开头绘一只凤鸟，紧接着彩绘出凤尾的变体卷云纹；第二圈绘三朵大云分成三等分，其间则彩绘出各种纤细的流云纹；第三圈则是凤尾变体卷云纹。盖内部绘四朵大云纹，距离相等，其间则彩绘各种流云纹。此器上的彩绘图案笔法娴熟，线条纤细而流畅。

洗一件。已残，仰唇，敛口，外壁有凸弦纹两道，腹部有铜铺首。唇上彩绘缠枝纹，器内上部彩绘双线菱形纹，其下绘流云纹，口沿外绘缠枝纹，腹部绘流云纹。

　　（4）安徽马鞍山朱然墓。1984 年 6 月，在安徽省马鞍山市发现一座土坑砖室墓，墓主为三国东吴右军师、左大司马朱然，墓内出土了一批珍贵的漆器[4]。朱然墓中出土的漆木器约八十余件，有案、盘、羽觞、榼、盒、壶、樽、奁、匕、勺、凭几、砚、虎子、屐、扇、梳、刺、谒等。这批漆器出土时有的比较完整，色泽如新；有的胎已腐朽，仅存漆皮。其中比较精美的器物如下：

　　宫闱宴乐图漆案（图二一），木胎。案长 82 厘米，宽56.5 厘米。案面为长方形，四边沿略高于案面，边沿上镶嵌铜皮，铜皮上鎏金。背面附加两木托，托两端有方孔，安装四个矮蹄足，足已残。胎上先粘贴一层粗麻布，然后涂漆腻。背面髹黑中偏红的漆，正中用朱漆篆书一"官"字。正面中间髹黑漆，四周髹红漆。主体图案为宫闱宴乐场面，共画五十五个

图二一　安徽马鞍山三国朱然墓彩绘宫闱宴乐图漆案

人物形象。人物旁大多有榜题，如"皇后"、"子本也"、"长沙侯"、"虎贲"、"弄剑"、"鼓吹也"、"大官门"、"女直使"等。上排左边画皇帝、嫔妃坐于帷帐中，宫女侍立一旁；右边画皇后、平乐侯及夫人、都亭侯及夫人、长沙侯及夫人等，分别踞坐于席上。这些人物形态不拘，有的在嬉戏，有的在交谈，有的似在争论。席前置矮足圆盘，盘中盛食品。左下方绘虎贲四人，持钺而立；黄门侍郎长立跪举案，侍者恭立于后。左下角绘"大官门"，值门人守立门旁，女值使捧盘穿行其中，另有两人抬"大官食具"。右下角绘羽林郎四人，持弓守立。画面中间绘百戏场面，有弄丸、弄剑、武女、鼓吹、连倒、转车轮等节目。主体图案的四周衬托云气、禽兽、菱形、蔓草等纹饰。全部画面在光素的漆地上用朱、黑、金等色漆画出。

季札挂剑图漆盘，木胎。盘径 24.8 厘米。敞口，浅腹，腹底交界处置一道凸弦纹，边沿有鎏金铜扣。盘背面髹黑漆。底部用朱漆书"蜀郡造作牢"铭文，字体在篆隶之间。壁上用红、金色勾画云龙纹。盘正面黑漆地上绘狩猎纹。向内为一圈红漆地，上绘莲蓬、鲤鱼、白鹭啄鱼、童子戏鱼等图案。用深灰、浅灰和金色表现出鱼的立体感。盘中间绘春秋吴季札挂剑徐君冢树的历史故事。画面左方绘一颗树，树上挂一把剑，树前有三人。穿红袍者当为季札，向树而立，两手举于胸前，神情哀婉悲怆。身后两从者正在对话。上方画山峰，山中画两人，山与人之间用云气隔开。坟前两只野兔正在奔跑，更添凄凉景象。

百里奚会故妻图漆盘，木胎。盘径 25.8 厘米。敞口，浅腹，平底。背面髹黑漆，外壁绘云气纹。内壁髹黑漆，边沿绘蔓草纹，其下绘云气纹。盘正中为黑漆地，上绘百里奚夫妻老

年复合的故事。画面绘四人，其中三人旁有榜题。百里奚踞坐
正中，双手举于胸部，表现了惊喜的神态。故妻背对百里奚，
右手弹琴，左手抚弦，似在自弹自唱。

伯榆悲亲图漆盘，形制、尺寸、衬托纹饰与百里奚会故妻
图盘相同。盘中间画榆母笞子力衰，伯榆悲戚的故事。画面有
五人，即榆母、伯榆、孝妇、榆子和孝孙。

童子对棍图漆盘（图二二），木胎。盘径14厘米。敞口，
浅腹，腹底交界处有一周凸弦纹。外壁及底髹黑漆，底部有朱
漆铭文"蜀君作牢"四字。盘内壁黑漆地上饰云龙纹，向内一
圈红漆地饰鱼、莲蓬、水波纹。盘中间黑漆地上部画山峰，山
前空地上有两童子持棍对舞。

图二二　安徽马鞍山三国朱然墓彩绘童子对棍图漆盘

图二三　安徽马鞍山三国朱然墓彩绘贵族生活图漆盘

贵族生活图漆盘（图二三），木胎。高 3.5 厘米，盘径 24.8 厘米。平沿直口，浅腹平底，沿与腹下各有一道鎏金铜扣。盘内壁及底髹红漆，外壁及底髹黑漆。盘内绘十二人，分为三层。上层为宴宾图，画有五人，中间一豆形器，内有一勺，左边一男一女当是主人，一侍女立于一旁，宾主都踞坐在圆形座垫上，似在畅谈。中层绘五人，左边是梳妆图，中间画对弈图。下层为出游图。

犀皮黄口耳杯，皮胎，共两件。高 2.4 厘米，长 9.6 厘米，宽 5.6 厘米。椭圆口，平底，月牙形耳，耳及口沿镶鎏金铜扣。器身属"黑面红中黄底片云斑犀皮"，表面光滑，花纹如行云流水，匀称而富有变化。此耳杯保存完好，证明耐腐蚀性强。

彩绘鸟兽纹漆榼（图二四），木胎。高 4.8 厘米，长 25.4 厘米，宽 16.3 厘米。长方形，子口，壶门形足，盖已失。四壁外侧及底部髹黑漆，用金、绿、黑漆绘蔓草纹和放鹰图。内分为七格，在红地上分别用金、黑漆绘神禽或神兽。上排三格，中间一格较大，格内绘两凤鸟相对，曲颈挺胸，展翅振尾，翩翩起舞。左边格内绘一只天鹿。右边格内绘一神鱼，鲤身鸡足，脊生双翼，正展翅腾飞。下排四格，左右较大，中间较小。左边格内绘麒麟，身似鹿，独角，背生双翅，牛尾，蹄足，肃立注视。右边格内绘白虎，四足作奔跑状。中间左小格内绘飞廉、鹿首、双翅、双足、蛇尾。中间右小格内绘双鱼并行，其状如鲤。其纹饰动静结合，笔法灵活生动，色彩鲜明华丽，反映了作者高超的技艺和丰富的想像力。

图二四　安徽马鞍山三国朱然墓彩绘鸟兽纹漆榼

漆砂砚，木胎。长方形，分为四层，为三盘一盖，可以叠合。下为底盘，可以置研石、颜料等。上为砚盘。砚池长27.4厘米，宽24厘米。池内涂黑漆和细沙粒，以增强摩擦糙度。

锥刻戗金漆盒盖，木胎。高11.5厘米，直径22.6厘米。盒身已失。胎内外两侧先粘一层粗麻布，再涂漆腻，然后髹黑漆。平面正方形，顶部似盝顶。顶面和四侧针刻青龙、白虎、朱雀、麒麟、天禄等带翅神禽神兽六十五个。其中最精彩的是两面所刻的三个人物：一人右佩剑，拱手而立；一人留胡须，持节形器；一人双手拥旗而立。三人周围云气萦绕。锥刻线条简练流畅，神态逼真，刻纹内戗金。

凭几，木胎。高26厘米。扁平圆弧形几面，下有三个蹄形足。髹黑漆。

2.以东吴为代表的三国漆器的特点

据考古发现表明，三国时期在瓷器已经开始取代铜器、陶器、漆器成为社会生活用品主流的时候，漆器开始向多样化和实用化方向发展。此时漆器的镶嵌和彩绘技术更加成熟了，并成为这一时期的装饰特点。

东吴朱然墓出土的漆器，最能代表三国时期漆器的发展水平。这批漆器在制作和装饰方面都具有很高的艺术价值，为研究东汉末至三国时期的漆器提供了难得的实物资料。

首先，朱然墓的漆木器占出土器物总数的五分之三，多以人物故事画为装饰题材，器类较多。联系湖北、江西出土的漆器作辅助证明，说明三国时期漆器使用仍较广泛。

其次，朱然墓及其他几处东吴墓葬中出土的漆器种类很多。除了常见的耳杯、奁、盘、盒等器形，尚有槅、凭几、砚、屐和虎子等新的器形。其中的曲面下设三蹄足的凭几，始于三国而流行于两晋至南北朝时期。另外，在漆器装饰方面出现了与汉代完全不同的风格。特别是以人物故事为题材的画面，不仅大量出现，而且改变了汉代人物形象的呆滞，在注重写实的同时，更加流畅活泼，富于情趣。

第三，东吴漆器的发现，为人们提供了丰富的关于三国时期的绘画资料。以往，美术界对三国绘画的认识几乎是一片空白。东吴墓葬中出土的漆器上绘有大量的以人物画为主的漆画，不仅人物刻画生动传神，而且采用了中国传统水墨画的没骨写意画法，构图巧妙，用色讲究。这些充分地说明在六朝能出现曹不兴、顾恺之等绘画大师，是有着广泛的社会基础的。值得注意的是，三国漆画把过去一器多画改为一器单画的做法，极大地保持了绘画题材的完整性。

第四，朱然墓漆器的出土使研究者对犀皮漆器有了重新的认识。关于犀皮漆器，文献资料的记载意见不一。据王世襄先生《对犀皮漆器的再认识》[5]的总结归纳，关于犀皮漆器的文献记载主要有如下几则：赵璘（唐开成进士）曰"髤漆为之西皮者，世人误以为犀角之犀，非也。乃西方马鞯，自黑而丹，自丹而黄，时复改易，五色相叠。马镫摩擦有凹处，粲然成文，遂以漆器仿为之"（据陶宗仪《辍耕录》卷十一引《因话录》）。程大昌（南宋绍兴进士）曰"按今世用朱、黄、黑三色漆沓冒而雕刻，令其文层见叠出，名为犀皮"（《演繁录》卷九引"漆雕几"条）。都穆（明弘治进士）曰"世人以髤器黑剔者谓之犀皮，盖相传之讹。陶成九从《因话录》改为西皮，以为西方马鞯之说，尤非也。犀皮当作犀毗。毗者，脐也。犀牛皮坚而有文，共脐四旁文如饕餮相对，中一圜孔，坐卧磨砺，色极光润。西域人割取以为腰带之饰。曹操以犀毗一事与人，是也。后之髹器，效而为之，遂袭其名"（《听雨纪楼》）。黄成（明隆庆年间名漆工）曰"犀皮，或为西皮，或犀毗。文有片云、圆花、松鳞诸斑。近有红面者，以光滑为美"（《髹饰录·填嵌第七·犀皮》）。李日华（明万历进士）曰"戎人性巧，喜文章陆离之观。割马鞍皮，累数重漆者为小盒子，若貍首、鹿胎然，名曰犀毗"（《六研斋笔记》卷二）。杨明（明天启年间名漆工）曰"摩窳诸般。黑面红中黄底为原法。红面者黑为中，黄为底。黄面，赤、黑互为中、底"（《髹饰录》"犀皮"注）。方以智（明崇祯进士）曰"智按宋漆有犀毗，即史师比，借称其杂彩也。云南棋罐、香盘，皆五色相叠，是其类矣"（《通雅》卷三十四《杂用》）。以上诸家各持一言，莫衷一是。但在过去，漆器研究者一般都认为犀皮漆器出现于唐代。上述文献记载中，赵璘就是晚唐时期的人。发现朱然墓以前所知最早的犀皮漆器实物是明代的。东吴朱然墓中出土的犀皮漆耳杯，比文献记载最早的犀皮漆器还早六百多年，比此前所见最早的犀皮漆器实物早一千三百多年。这不能不说是一次十分重要的发现。

另外，曹操的《上杂物疏》[6]中记载有"纯银参带漆书案"、"银镂漆画"、"漆画重几"、"油漆画严器"等漆器，目前在考古发现中并未见到。

（二）两晋漆器的考古发现

两晋时期，瓷器开始在日常生活中占据主导地位。漆器的考古发现虽然很少，却也在南北不同地区都有所发现。其主要有广州西北郊[7]、江苏南京东晋墓[8]、江苏江宁六朝早期墓[9]、辽宁朝阳[10]、新疆地区以及江西南昌等。

　　南昌一带不仅有重要的三国时期东吴漆器的发现，晋代漆器的发现也为全国之首。在南昌西晋墓中出土有一批素面漆器[11]。其中一件朱漆榼的四角及口沿处镶黑漆，外底黑漆中央朱书"吴氏榼"铭记。这说明三国时出现的漆器新品种在西晋时已经流行。

　　1997年，南昌出土六座东晋墓葬，出土漆器二十六件，为了解晋代漆器提供了难得的资料[12]。这批漆器的类型有奁盒、平盘、耳杯、攒盒、凭几、箸、匕等。尤其精美的是彩绘宴乐图漆平盘、彩绘巡游图漆奁（图二五），用色丰富，有红、黑、灰绿、黄、橙等色，人物线条飘逸流畅。双耳漆托盘、扇形漆攒盒则是晋代新流行的漆器品种。

图二五　江西南昌东晋彩绘出巡图漆奁

其他地区发现的晋代漆器也各有特点。例如，南京大学东晋墓中出土的漆器上有龙形、虎形镂金片。这就为曹操《上杂物疏》中的记载找到了实物依据。广州晋墓出土的耳杯，在耳的下面朱书"董南"，在漆片中还发现了"郑当大甲"铭记。朝阳东晋壁画墓出土了十件漆器，有大圆漆盘、椭圆形漆盒、长方盒、壶、钵、小盘、勺等。除了大圆漆盘，均为素漆，但髹饰工艺很高。结合江宁出土的素漆耳杯、奁等可知，两晋时期在彩绘漆器之外，以简约为特点的素漆非常流行。

（三）北魏漆器的考古发现及特点

关于南北朝时期的漆器，考古发现很少，很难全面地考察和分析。目前所知这一时期最主要的发现是山西大同北魏司马金龙夫妇合葬墓出土的漆屏风[13]和宁夏固原北魏墓中出土的漆棺板[14]。北魏是由古代少数民族鲜卑拓跋部建立的政权。从上述发现可以判断，南北朝的髹饰工艺，特别是漆器装饰水平是很有成就的。

1.北魏司马金龙夫妇合葬墓

1966年，在山西大同石家寨发现了北魏司马金龙夫妇合葬墓。墓中最引人注目的是一件以人物故事为题材的彩绘描漆屏风（图二六）。屏风出土于后室甬道两侧，较完整的有五块。每块长约80厘米，宽约20厘米，厚约2.5厘米。上下有榫，长约2.5厘米。每块屏风两侧上下各一个榫卯，榫口长3.7厘米，宽0.6厘米。板面涂红漆，题记及榜题处再涂黄色，其上墨书文字。绘画线条用黑色，人物面部及手部涂铅白，其余有黄、青绿、橙红、灰兰等色。屏风两面有画，分为上下四层。

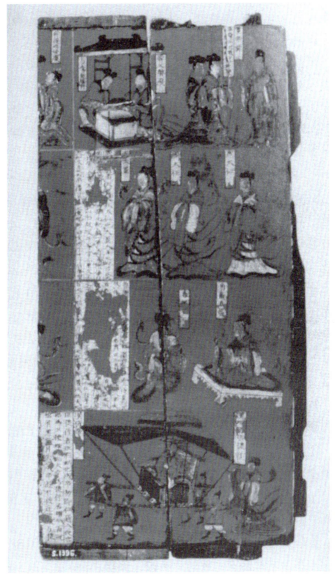

图二六 山西大同北魏司马金龙墓彩绘人物故事图漆屏风

每幅均有文字题记和榜题，以此来说明画的内容和人物的身份。目前已知漆画内容如下：

第一块和第二块可以拼合成四幅画面。其中第一幅中央为一男一女相对伏于井栏上作以物填井状，榜题"与象敖（傲）填井"、"舜父瞽（叟）"；左侧一女人站立仰望，榜题"舜后母（廪）"；右侧一男二女相对站立，榜题"虞帝舜"、"帝舜二妃娥皇女英"。第二幅为三女人拱手站立，榜题"周太姜"、"周太任"、"周太似"；左侧有题记四行。第三幅为中间站立一女人，右侧一女人坐方榻上，榜题"春姜女"、"鲁师春江"；左侧记六行。第四幅为中央四人抬一步辇，上张布蓬、伞盖，中坐戴冕旒的帝王，后随一女人，榜题"汉成帝"、"汉成帝班婕好"；左侧有题记四行。

第一块的另一面自上而下分为四幅。第一幅为一男子高冠拱手坐在方榻上，后面一侍者举曲柄华盖；右侧题记两行。第二幅为右侧一男子跪拜，左侧一女子侍立，榜题"孝子李充奉亲时"、"李充妻"。第三幅为一高冠男子席坐进食，前列食具，榜题"素食瞻（赡）宾"。第四幅为一男子行走于冰河上，榜题"如履薄冰"。

第三块可分为四幅画面。第一幅为一男子和一女子相对而立，榜题"启"、"启母"。第二幅为一人坐于有蓬三轮车中，榜题"鲁师母"。第三幅为一男子拱手站立，榜题"孙叔（敖）"；左侧题记五行。第四幅为一女子坐围有屏风的方榻上，一女子捧物立面前，四侍女在后面，榜题"和帝□后"。

第四块可分为四幅画面。第一幅右上为孙叔敖挥刀斩三头蛇，左下向其母跪言，榜题"孙叔（敖）"、"孙叔（敖）母"。第二幅为一高冠男子坐在有屏风的方榻上，右侧一女人跪坐，手捧食器，榜题"卫灵公"、"卫灵公夫人"。第三幅已经剥落不清。第四幅为一男子高冠博带作长跪状，榜题"□元"；右侧有题记四行。

第五块下部残破，仅存三幅。其中第一幅为一帝王头戴冕旒，身穿十二章服，手持尘尾。身后有二侍者，其一已残缺。第二幅为左侧一人高冠坐于席，一男子拱手立对面，榜题"齐宣王"、"匡青"。第三幅仅存题记八行。

此外，在后室南部靠近甬道的积土中，还清理出一些漆画残片。其榜题有"晋公子重耳"、"蔡人妻"、"黎庄公夫人"、"张孟谈"、"鱼"、"鱼之子"等。

上面绘画的内容，或是取材于《列女传》《孝子传》，或是表彰帝王将相、高人逸士，或是劝戒、寓意，无非是为了宣扬当时的统治者认为值得提倡的"三纲五常"、"忠孝仁义"等伦理道德，以此来达到"成教化"、"助风俗"，服务于封建统治的目的。汉时，屏风就很流行。据刘向《七略别录》和《东汉观纪》等记载，屏风上绘画的内容便有"列女"。这一习俗延至魏晋盛而不衰。崔豹《古今注》、陆翙《邺中记》都有皇帝和贵族爱好屏风，屏风上绘有"瑞应图"和"义士、仙人、禽兽"的记载。《释名》曰："屏风，障风也。庡在后，有所倚也。"《礼记》曰："天子当扆（指屏风）而立。"由此可见，屏风原是放在当政者的身后以遮挡风寒的，但由于所处的位置多与政务有关，为了宣扬统治经验和道德传统，便在上面描绘了历史上的传说人物、故事画像，用以警戒或自我标榜。这正如汉代芊胜在《屏风赋》中所说："画以列古，颙颙昂昂。蕃后宜之，寿考无疆。"

司马金龙是晋宣帝司马懿弟司马馗九世孙。其父司马楚之原系东晋高官显贵，后因统治集团内部冲突和倾轧，于泰常四年（公元 419 年）降魏。司马金龙死于太和八年（公元 484 年）。此时正是北魏孝文帝迁都洛阳，大力推行"汉化"政策的前夜。这件彩绘描漆屏风以及漆画所反映的衣冠和列女孝子等内容，都属于传统的汉文化。从漆画和工艺看，这件漆屏风继承了战国和汉代漆画的传统，色彩富丽，图像生动，边框精美。其绘画风格比汉代常见的大笔平涂、单线勾勒的画风又前进了一大步。它的色彩渲染及铁线描的画法，更接近东晋顾恺之和唐代阎立本的风格。画面的人物描写使用了浓淡渲染，较好地表现了立体感和肌肤色调。线条的运用富有节奏感，悠缓自然。人物形象也栩栩如生，从姿态中表露出了身份和纵深远近的关系。在构图上，采取了中心人物大于陪衬人物的手法，达到了突出主题的效果。屏风上大片的题记和榜题文字，是少见的北魏墨迹。

山西大同，古为平城，是公元 398 年至 493 年北魏的国都，曾有大批来自山东、河北、陕西的工匠和艺术家被迫来到这里，为北魏统治者服务。这件具有浓郁中原传统文化风格和汉民族传统文化特点的屏风，应是中原艺术的杰作。

2．固原北魏漆棺

固原位于宁夏回族自治区南部，是古代西北地区的一座重镇，有着悠久的历史和丰富的文化遗存。1981 年，固原文物工作站在对一座北魏时期的古墓进行清理时，发现男墓主的棺具为漆棺，其上绘有精美的漆画（图二七）。其主要内容可分为三部分：

其一、反映墓主人形象的画面，分布在棺盖正面和棺前档部分。漆画残长 180 厘米，最宽处 105 厘米。棺盖边缘装饰忍

图二七 宁夏固原北魏彩绘漆棺残片

冬纹，其间画有飞鸟。棺盖正中从顶端至棺尾画有宽 7～4 厘米的 S 形，S 形中画满螺旋形水波纹和涡纹，其间有白鹤、鸭、鱼等，象征天河。天河两侧对称画两座屋宇，屋顶上有两鸱尾，檐下有一斗三升及人字形斗栱。左侧屋宇内画一人，着高冠及汉式长衣，袖手盘膝而坐，其身后左右各有一侍女。屋外榜题"东王父"。右侧屋内也画一人，高发髻，亦汉式长衣，袖手盘膝而坐，身后左右各有一侍女。屋宇之外，左右各立一著高冠及汉式长衣侍者，榜题已毁。两组屋宇的房脊正中各画一正面站立的金凤，房脊外侧各画一侧立金凤。左侧屋脊内侧画一红日，内立一振翅欲飞的三足鸟；右侧屋脊内侧画一白色月亮。屋宇之下，天河两侧，画满缠枝卷草图案，内有奇鸟异兽和人首鸟身的形象。棺盖前缘垂直面的边饰，画忍冬缠枝花纹，纹中有异兽。棺盖两侧垂直面边饰也是忍冬缠枝纹。在棺的前档部分，上部正中为蓝顶屋宇，屋脊有鸱尾，檐下是一斗三升及人字形斗栱。屋内有一男子，头戴冠，身着窄袖胡服，右手执杯，左手执尘尾，屈腿斜坐于榻上。屋外左右各有男女侍者二人，皆胡服。右面置一细颈壶。画面下方正中部分残缺，左右各画一菩萨，有背光，梳高髻，面有胡须，戴耳环、项圈及臂钏，天衣飘起后绕臂而下。

其二、孝子故事画，分布在漆棺两侧板的上部。整个画面以黄色三角状火焰纹相间并有榜题，构成孝子连环画。其间饰云气纹。从画面的榜题可知，画面有的取材于《后汉书·周磐传》的里中火灾，孝子蔡顺伏在母亲棺椁上号啕大哭，火绕屋而去的故事；有的取材于《史记·五帝本纪》的舜父瞽叟和后母几欲杀舜，而舜均顺利脱险的故事；有的则取材于孝子郭巨供奉老母故事和埋儿得金的传说。整个孝子连环画的人物形象均脸长、目圆，着夹领及窄袖长袍，脚蹬乌靴，男作高冠，女作高髻，是典型的鲜卑人的形象。

其三、装饰图案和狩猎图，主要分布在漆棺板的中、下层。中层是以珠联龟背纹为主要图案，其间有人物、动物。下层是狩猎图。这部分漆画中忍冬纹分布广，形式多样，富于变化。过去一般认为"联珠对禽"和"联珠对兽"加饰人物图案开始于隋代。此次北魏棺板漆画的发现，说明北魏时期对这种表现形式的运用已经相当娴熟。其中的狩猎图画，或许正反映了鲜卑民族"狩猎为业"的民族特点和生活风俗。

固原北魏墓中发现的棺板漆画在表现方法、色调以及忍冬纹装饰图案的处理上，与大同北魏司马金龙墓中发现的屏风漆画有相似之处，但在艺术风格、故事题材、人物服饰、榜题书体等方面又有所差异。尤其是固原棺板漆画上的联珠龟背纹、火焰纹以及佛教人物等，又为司马金龙墓屏风漆画所不见。

在汉代及其以前，一般漆器髹饰厚度为 0.7 厘米左右，而固原棺板漆画的厚度仅为 0.2 厘米。其画面熟练地使用了描金和贴金法组成花纹，在绘画所表现的内容、技巧方面都远远超过了以前的髹饰工艺。漆画的布局疏密得当，繁而不乱，红、金、黄、蓝、橙、黑诸色明快而有感染力，敷色精细，衣纹生动，线描自然流畅。这一切都说明固原棺板漆画代表了北魏至南北朝漆器发展所达到的水平。

注　释

[1] 鄂城县博物馆《湖北鄂城四座吴墓发掘报告》，《考古》1982 年第 3 期。

[2] 安徽省文物工作队《安徽南陵县麻桥东吴墓》，《考古》1984 年第 11 期。

[3] 江西省历史博物馆《江西南昌市东吴高荣墓的发掘》，《考古》1980 年第 3 期。

[4] 安徽省文物考古研究所、马鞍山市文化局《安徽马鞍山东吴朱然墓发掘简报》，《文物》1986 年第 3 期。

[5] 王世襄《对犀皮漆器的再认识》，《文物》1986 年第 3 期。

[6] (清) 严可均校辑《全三国文》卷一，中华书局 1958 年影印本。

[7] 广州市文物管理委员会《广州市西北郊晋墓清理简报》，《考古通讯》1955 年第 5 期。

[8] 南京大学历史系考古组《南京大学北园东晋墓》，《文物》1973 年第 4 期。

[9] 南京市博物馆《江苏江宁官家山六朝早期墓葬》，《文物》1986 年第 12 期。

[10] 辽宁省博物馆《朝阳袁台子东晋壁画墓》，《文物》1984 年第 6 期。

[11] 江西省博物馆《江西南昌晋墓》，《考古》1974 年第 6 期。

[12] 陈晶《中国漆器全集》第四卷，福建美术出版社 1998 年版。

[13] 山西省大同市博物馆《山西省大同市北魏司马金龙墓》，《文物》1972 年第 3 期。

[14] 固原县文物工作站《宁夏固原北魏墓清理简报》，《文物》1984 年第 6 期。

六 隋唐五代漆器

（一）隋唐漆器的发现及特点

1. 唐代漆器的考古发现

到目前为止，还没有发现明确的属于隋代的漆器。唐代漆器虽然有所发现，但数量非常少，日常生活用品更少。唐代漆器的主要发现如下：

（1）河南郑州。1951 年，在河南郑州市郊的一座唐墓中出土了一件羽人飞凤花鸟纹金银平脱漆背镜。此镜铜胎，直径 36.2 厘米，具有典型的盛唐风格。镜背以镜钮为中心，平脱了八瓣莲花，周围密布花鸟、飞蝶图案。在靠近镜的边缘部分，装饰有羽人和飞凤图案。羽人的造型和同时期壁画中的飞天一致。飞凤舒展大方，羽毛和纹理均是雕刻而成，细致入微[1]。此镜的做法是以铜为胎，先在背面做漆背，再嵌贴经过镂刻的金银片，与嵌螺钿工艺有异曲同工之妙。

（2）河南洛阳。1955 年，在河南洛阳市郊外的一座唐墓中出土了一件人物花鸟纹嵌螺钿漆背镜（图二八）。此镜铜胎，直径 25 厘米。镜背以漆为地，用贝壳镶嵌图案。镜钮上方正中是一株鲜花盛开的树木，树上有飞鸟穿梭，树下有鹦鹉栖息。镜钮左右，两位老者席地而坐，一弹阮咸，一持杯盏。画面下方有仙鹤起舞，水禽低鸣。整个画面安乐祥和，颇具六朝时期文人林中寻乐的意蕴[2]。1984 年夏季至 1985 年秋季，在

图二八　河南洛阳唐代嵌螺钿人物花鸟纹漆背镜

洛阳首阳山电厂发现六座有墓志纪年的唐墓。其中李景由墓出
土了唐代漆器[3]。其中银箔平脱方漆盒是较为精美的一件。
木胎，已腐朽，经修复加固后可看出形制和结构。漆盒由器盖
和器身两部分组成，盒内遗物分两层存放，上层木屉内装木梳
及金钗饰件，下层装圆漆盒三件、鎏金银盒两件、抛光银盒两
件、鎏金菱花镜一枚、小银碗一件。漆盒外表用银箔平脱工
艺，錾刻缠枝花卉图案，技法精湛。长 20.5 厘米，宽 21 厘
米，盖高 3 厘米，通高 12 厘米。方盒内的三件圆漆盒均为扁
圆形，尺寸各异，腐朽过甚。过去的唐墓发掘中也多次发现过
漆器随葬，但因保存较差而未能修复。郑州二里冈的一座唐墓
中，出土过一件与此盒近似的银箔平脱漆盒，装饰及规格与此
盒近似。

（3）河南陕县。1957 年，在河南陕县后川唐墓出土了云

龙纹嵌螺钿漆背铜镜,直径 22 厘米。在镜背褐色漆地上,以螺钿嵌一飞腾盘绕的龙,周围有云气笼罩。龙身采用数块贝壳磨刻而成,粗壮有力,鳞片清晰,栩栩如生[4]。

(4)新疆吐鲁番。1967 年,新疆吐鲁番阿斯塔那墓群发现了唐代嵌螺钿木漆奁。此器为木胎,由身与盘两部分组成。奁身口径 21.5 厘米,底径 19.5 厘米。有子口,圆腹,口腹结合处有一周凸棱线。从露胎处可见漆胎上有很紧的灰腻,覆粗麻布,黑漆退光[5]。

(5)江苏扬州。1978 年 2 月下旬,在扬州市迎宾路西工段施工过程中发现十件唐代漆器。这批漆器均为素面黑漆髹成,有木、竹胎两种。比较完整的只有两件碗、盘。碗口径为 15 厘米,底部有朱书文字,字迹漫漶,不辨[6]。

(6)湖北监利。1978 年,在湖北监利县福田公社发现了一座唐代砖墓室,出土了一批珍贵漆器[7]。这批漆器均系木胎,外表髹褐黑色漆,内髹朱漆,无彩绘纹饰,造型精致,保存完整,有漆碗、漆盂、漆盘、漆勺、漆盒等。其中大漆碗一件,椭圆形,花瓣状口沿,口径 37.5 厘米,高 12 厘米,底径 21 厘米。小漆碗两件,口沿似花瓣形,口径 22.5 厘米,高 7.7 厘米,底径 11 厘米。漆盘两件,平底,弧壁,口径 18 厘米,高 2.6 厘米。漆盒一件,长方形,盖与底以子母口扣合,内有一夹层浅盘,长 25 厘米,宽 17 厘米,高 9 厘米。漆勺一件,侧视呈瓜瓢形,勺把残,口径 17 厘米,高 4.6 厘米。漆盂一件,形状略似泡菜坛,但腹部扁矮。这批漆器除了漆勺是用整木雕成,其他均是采用 0.2 厘米宽的薄杉木条,一圈圈卷制成器形,外裱麻布,然后髹漆。

(7)河南陕县。1983 年 12 月,河南省文物研究所在陕县发掘了唐代姚懿墓。该墓出土了一组残漆器,虽然腐烂严重,漆皮与器胎已脱离,但仍可以看出是夹苎胎,黑红色漆面,器形有圈足器(似碗)和平底器(似盘)两种。器底有朱书文字。小圈足器(直径5厘米)三件,器底均书"考四"。大圈足器四件,其中三件书"姚四",一件书"孙敬"。平底器三件,书"□元"两字[8]。

(8)陕西扶风。20世纪80年代末,在陕西扶风法门寺出土了一批精美的唐代漆器[9]。其代表性的器物有描金加彩黑漆宝函。此为存放唐懿宗供奉的第一枚佛指的八重宝函的最外一层,正方形,边长30厘米,通体用檀香木制成,有雕花银棱。其内壁髹黑漆,外壁是描金加彩减地浮雕释加牟尼说法图和阿弥陀佛极乐世界图。另有一批描金漆器及漆碗也是采用描金加彩工艺制成的。银包角檀香木函是存放第三枚佛指的五重

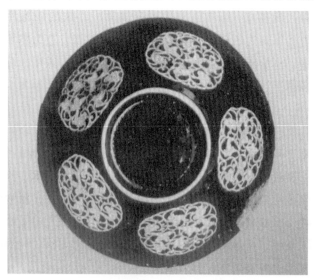

图二九 陕西法门寺唐代秘色瓷平脱漆碗

宝函的第三层，长、宽约 16 厘米，外壁髹黑漆，四周包银角。绿漆金平脱碗，呈钵式，外壁髹绿漆，并缀以波涛纹金平脱团花，口沿饰金平脱弧线纹（图二九）。

此外，在黑龙江宁安渤海上京龙泉村遗址出土了一件嵌银丝平脱漆盒[10]。四川、陕西、山东等地出土了唐代金银平脱镜，陕西、山西、河南、广西、湖南、辽宁、内蒙古等地唐墓中也出土了唐代的光素漆器。

2. 唐代漆器的特点

唐代漆器的考古发现比较少，但结合考古发现、文献记载以及传世漆器，还是不难获知唐代漆器的一些明显特征。

重视镶嵌装饰是唐代漆器的主要特点。特别是在金银平脱和嵌螺钿方面，比汉代有了更大的发展和提高。唐代的金银平脱技艺继承了汉代的嵌金银箔花纹漆器的传统，但雕刻更精，錾凿更细。这实际上得利于唐代金银工艺发展水平的提高。文献中关于唐代金银平脱漆器的记载很多。例如，唐人段成式《酉阳杂俎》、郑处诲《明皇杂录》等书记载唐玄宗时期杨贵妃赏赐安禄山的物品中，就有金银平脱盘、金平脱匙、银平脱筐等。《资治通鉴》记载了唐玄宗天宝九年（公元 750 年）赏赐银平脱屏风，唐玄宗和杨贵妃在华清池中设银镂漆船等。《杜阳杂编》下卷记载了唐咸通十二年赐新安国寺金银平脱龙凤漆高座等。这些说明唐代金银平脱漆器已是皇家御用和馈赠的高档礼品。当时除了能制作生活日用品，还能够制作大到舟船和高座等大型物品。金银平脱漆器技艺复杂，技术要求高。一般分为四步制作，即首先制成素胎，其次将镂刻好的金、银箔纹样用漆根据需要粘贴在相应部位，再就是髹漆、阴干、再上漆的多次反复，最后是打磨到露出花纹。唐时，金银平脱漆器的制作已经有了明确的分工，即平脱花片由金工镂刻，然后再由漆工镶嵌在漆器上。唐代金银平脱漆器除了上述考古发现，也有一些传世品。例如，日本正仓院所藏金银平脱花鸟镜与银平脱八角镜箱、英国大英博物馆藏银平脱漆碗和美国纳尔逊博物馆藏金银平脱盒等[11]。镜与琴的制作最能反映唐代漆器的主要成就。关于金银平脱镜，上面介绍了一些考古发现。具有代表性的唐琴实物则均是传世的。例如，现藏北京故宫博物院的"九霄环佩"紫漆琴、唐肃宗至德元年制作的"大圣遗音"漆琴以及日本正仓院收藏的花鸟人物金银平脱琴。唐代金银平脱漆器大都制作于唐代中期，制作中心是长安的官属作坊，四川、洛阳、扬州等地也有制作。

嵌螺钿技艺同金银平脱有相似之处，或是纯用贝壳，或是与玑瑁、琥珀、松石等并用，在漆器上产生浅浮雕式的装饰效果，广泛流行于唐代中期。据《大唐和尚东征传》记载，唐天宝二年鉴真和尚第二次从扬州东渡时，携带的物品中就有"螺钿经函五十只"。唐代的嵌螺钿漆器在河南、陕西、新疆等地都有所发现。传世作品中有日本正仓院收藏的唐代紫檀螺钿五弦琵琶和紫檀螺钿阮咸。它们都是唐代螺钿漆器的精品。

唐代佛教文化昌盛，漆器中的夹苎工艺也用在了制作佛像上，因此出现了漆夹苎胎佛像等大型的漆器。实际上，早在魏晋南北朝时期便兴起了制作夹苎造像，又称干漆造像，亦即脱胎像。由于这种造像轻便，容易载行，不怕日晒雨淋，很受佛教徒的推崇。唐代制作夹苎造像具有很高的水平。据《唐书·武后本纪》记载："垂拱四年，作明堂，命怀义作夹苎大像。其小指中犹容数十人。"这样大规模的造像，没有很高的技巧是很难完成的。据文献记载，唐代扬州大云寺和尚鉴真东渡日本时，就将夹苎作漆法带到了日本。他的弟子也为鉴真造了夹苎漆大像。据《资治通鉴》记载，唐高宗曾敕送长安大慈恩寺两百多尊夹苎佛像。在现存的唐代夹苎造像中，比较有名的是美国弗利尔博物馆收藏的一件高达 99 厘米夹苎佛像。除了佛像，唐代还将夹苎制漆法用于建筑用瓦。据《旧唐书》记载，武则天时期在洛阳建筑高大明堂，为减轻屋顶承受力，创造了"刻木为瓦，夹苎漆之"的漆瓦。

从为数不多的考古发现以及文献记载看，唐代的漆器制造业还是非常发达的。据唐代崔致远《进漆器状》（《唐文拾遗》卷三十六）记载："乾符六年供进漆器一万五千九百三十五事。"在唐代漆器中，素色漆仍是主流，有黑、朱、金、绿沉漆等，文献记载还有一种"退红漆"（见陆游《老学庵笔记》）。所谓绿沉漆，实际是素色漆的一种，呈暗绿色，如物沉水之中，其色深沉、静穆，应用广泛，但实物目前仅见陕西法门寺地宫所出的绿沉漆金平脱碗。

《髹饰录》曰："剔红，即雕红漆也。髹层之厚薄，朱色之明暗，雕镂之粗精，亦甚有巧拙。唐制多印板刻平锦朱色，雕法古拙可赏；复有陷地黄锦者。"这说明唐代已有雕漆。因此，不少研究者将唐代作为雕漆的首创时期，开创了宋、元、明时期盛行雕漆的先河。黄成在著《髹饰录》时曾见唐代雕漆实物，但遗憾的是人们至今尚未见到黄成已见过的唐代雕漆。唐玄宗时期的《唐六典》在"襄州土贡"条中记有"漆隐起库露真乌漆"，唐杜佑《通典》以及《新唐书》中也有"库露真"的记载，晚唐诗人皮日休《诮虚器》有"襄阳做髹器，中有库露真"一句。关于"库露真"，研究者难以判定究竟属于何种漆器，但从"隐起"来看，当是雕刻的无疑。

（二）五代漆器的发现及特点

五代时期，社会动荡不安，漆器的发展有所衰落，但在江苏、浙江、四川一带，漆器仍有较大发展。正是这些地区漆器的发展，使五代漆器起到了承唐启宋的关键作用。

1. 五代漆器的考古发现

（1）四川成都。1942－1943年，由四川博物馆、前中央研究院和前中央博物院发掘了前蜀王建墓。此墓虽经几次盗掘，但仍出土了一些珍贵的五代漆器，其中有门、棺、椁、册匣、宝盝、镜盒等六种[12]。金银胎漆碟（图三〇），最大直径14.5厘米，深2厘米，圈足高1厘米，五瓣形。胎分两层，其中内层为银胎，外层为铅胎，厚约1厘米。碟的外层表面粗

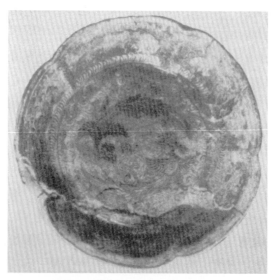

图三〇　四川五代王建墓金银胎漆碟

糙，其上髹漆，内壁不髹漆，外露银胎。银胎上贴有一层极薄
的金皮，钻痕直透至铅胎之上。金皮镂空，使银胎与金花相辉
映。碟的内层以卷草为地，刻双凤飞翔纹，底边和口缘刻莲瓣
纹，共有五瓣，每瓣之中刻花草纹，空白之处刻极细的圆圈
纹。鸟兽花草纹金银平脱册匣，是目前所知较早的一件册匣实
物，原是为了放置哀册和谥册所用，长22.5厘米，宽45厘
米，高21.5厘米。此匣全身饰红漆，四周镶以银皮五匝，合
口处也镶有银皮，并用银钉固定。盖面上饰五组椭圆形团花，
每团都以忍冬纹为地，再饰有凤、双鹤、双孔雀等主题图案。
其中正中一团为双凤，凤各衔绶带，上下相对飞翔；左右各有
一团鹤，再外各有一团孔雀。团花之间，填以卷草忍冬纹。盖
面的四周饰有二十四个狮形兽。银皮花纹均系用平脱技术施于
册匣表面。银平脱朱漆镜盒，正方形，木胎，边长27.5厘米，
高约9厘米，通体朱漆。子母口，盖面以平脱技术饰方形团
花，团花以丽春花纹为地，中刻双狮戏球，四侧的银镶边约3
毫米。盖的四侧两银镶边之间嵌一道条枝花纹。盒身在两道银
镶边之间嵌有丽春花纹一条，其图案以花、叶为中心，两边各
镂一瑞鸟。金银平脱朱漆宝盝，是装谥宝的双重木胎漆盒，正
方形，外盒边长76.7厘米，高20厘米，通体朱漆。盒分上下
两部分，盖两侧银质提环，盒底为须弥座式。外盒四周有银薄
带三匝，盖面的四角饰花朵，正中饰上下对翔的两只团凤，两
旁饰执钺金甲武士各一；四侧面饰对角云纹，正中有比翼双飞
的寿鸟。内盒边长59.7厘米，高14.4厘米，通体朱漆。周身
有银薄带四匝；底盒四侧各饰花凤两组，盖侧四周各饰花雉两
组；盖面正中饰团龙纹，两旁饰执钺金甲武士，四角以忍冬纹
补角花。

（2）江苏扬州。1975 年 4 月，在江苏扬州邗江县杨庙公社发现了一座被损毁的五代墓。墓中出土的漆器残破严重，可知有残存一半的并蒂莲状漆器一件，木胎涂黑漆，器内有金属平脱剥落的痕迹。圆形漆器底两件，一件上朱书"胡真"二字，下署花押；另一件上朱书"胡真盖花叁两"六字，下署花押。另有很多残漆片，都有金属扣或金银平脱剥落的痕迹。其中两块保留银平脱花纹：一为"绶带鸟"作飞翔状；另为有缠枝蕙草图案的器口[13]。

（3）江苏苏州。1978 年 4 月，苏州市瑞光寺塔出土了一批五代、北宋初遗物[14]。塔中发现的漆器珍珠舍利宝幢和嵌螺钿藏经箱，具有浓郁的五代风格。珍珠舍利宝幢，通高122.6 厘米，由须弥座、经幢和刹等主要部分组成，须弥座又分为底座和须弥山两部分，基本是木胎夹苎朱漆描金或漆雕。底座为八角形、八足，足上饰雕漆狻猊；束腰每面作如意头镂空，内置银丝编织的变形如意；第一、二层均以描金牡丹、宝相花图案漆雕包角，每面有描金几何纹，中部为一朵嵌宝海棠花；第三层八面为描金牡丹图案，面上贴两个雕漆供养人像。底座上置须弥山，宝山顶有一座殿堂，殿顶置一红漆木胎佛龛，内有浮雕佛像四尊。花鸟纹嵌螺钿黑漆藏经箱（图三一），长 35 厘米，高 12.5 厘米，木制，夹苎胎，黑漆，分为箱盖、身及台座三部分，通体用天然彩色螺钿镶嵌成各种花卉图案。盖面用贝壳嵌出三朵并联的团花纹，团花由二十多片大小不同的贝片组成，中间的较大，四周的较小，中央及四周大贝片上有镶嵌孔。盖壁正背面各有四组横列的由三块贝片组成的花叶纹图案，其间有三只展翅飞鸟的贝片。箱身立墙正背面嵌石榴、花卉纹图案，两侧立墙为花叶图案，是用较大的贝片切割

图三一　江苏苏州瑞光塔五代嵌螺钿花卉纹黑漆经箱

而成的。台座壶门，内贴嫩芽形图案的木片，上面印金箔，壶门两边各以五瓣形贝叶图案补空。盖、身、台座四周边缘镶嵌条带形纹饰，由花苞状、四瓣花形、鸡心形等不同形状的细小贝片组成。据统计，经箱上使用的贝片有七百多片，厚度在1厘米左右。其贝片的切割方法和唐代漆背螺钿镜同属于厚螺钿一类，贝片的雕刻特点也承袭了唐代的工艺手法。1979年发现的苏州七子五代墓是吴越国贵族墓葬。该墓出土不少漆木器残件，其中"铜饰镂雕缠枝花"是镶在平脱镜盒盒底中央的团花纹片。团花纹由六朵变体云纹与枝叶组成，主体云纹施毛雕。团花纹片直径7.5厘米，漆层已脱落，周围尚保留一部分木胎残片。另有两件银扣漆盘，已朽。大的直径98.8厘米，边宽2厘米[15]。

　　（4）江苏常州。1985年，在常州市区发现一座五代砖室木棺墓，出土有银平脱漆镜盒和素面漆器两种。银平脱漆镜盒直径 20.8 厘米，通高 8 厘米，木胎。盖顶正方形，周廓拼接弧形木板，委角，边缘薄木片圈上镶银扣。用一整片银片镂雕出花纹，覆满盖面，空间以黑漆填衬。银镂花卉叶脉均为毛雕，出土时银镂片已有脱落。盖内侧朱书两行，一行仅有"魏"字左半部；另一行作"并底盖七两"。盒身底部中间嵌铜质团花纹片，团花外周由十二朵连云纹组成，内周为多瓣花纹，毛雕。团花中央有一透孔，用手指在透孔下一顶，盒内存放的"千秋万岁"铭文铜镜即可托起。团花纹左侧朱书两行"魏真上牢"、"并满盖七两"。盒身下附一周薄木片圈足，外裹银扣两道。素面漆器共六件，均髹黑漆，计有镜盒一件、碗两件、方盏托一件、钵一件和盆一件。其中镜盒为方形委角，边宽 18 厘米，盖内底朱书"魏真上牢一两"[16]。

（5）浙江湖州。1986 年，在浙江湖州市飞英塔发现了一件五代时期的嵌螺钿木胎黑漆经函（图三二），复原长 40.3 厘米，宽 20.8 厘米，高 23 厘米，盝顶，函身连座，通体髹黑漆，外部嵌螺钿。所嵌螺钿多呈乳白色，个别略有彩色珠光，厚度在 0.05－0.1 厘米之间，贝片割制精细，中间加雕刻纹，镂空处填以绿松石。经函外表以贝壳镶嵌图案，其中函盖顶板饰三朵宝相花，每朵由二十五片组成；斗板饰带弯柄的宝相花，旁板的宽面中间为三尊佛像，两侧是狮子和白象，其间有花鸟，其余均饰羽人和飞天，间隙衬以祥云、花鸟等。函身壁板连座，以一条宽 1.3 厘米、厚 0.5 厘米的方木线脚条隔开，线脚条上排列着六十六朵梅花。基座部分环饰双圈如意头十四个。函身四周均为礼佛图。两个宽面横档，一面饰坐佛三尊；另一面中心饰一尊坐佛，两侧有八个不同姿式的供养人、菩提

图三二　浙江湖州飞英塔五代嵌螺钿黑漆经函

树和火焰。函底板饰菱形配三角图案，并有楷体朱书题记"吴越国顺德王太后吴氏谨拾宝，装经函肆只入天台山广福金文院，转轮经藏，永充供养，时□亥广顺元年十月□日题记"。"广顺元年"是五代时期后周第一年，经函的主人即末代吴越王钱俶的生母吴汉月[17]。

2. 五代漆器的特点

五代十国时期，中国经历了分裂割据的半个世纪。不过，此时的江南保持了相对的稳定，手工业得到继续发展，特别是吴越、后蜀等小国在漆器制造方面还取得了相当大的成就。漆器制作中心转移到了南方，江苏、浙江等地成为漆器的主要生产地[18]。

五代时期的漆器基本继承了唐代晚期的风格，却又有所发展。在日常生活用品方面，漆器中的碗、盘、盒等与同时期的瓷器形制基本相同。在素色漆器方面，仍保持了晚唐风格。在制胎工艺方面形成了新的木胎圈叠法，湖北监利唐代墓出土的漆器中已开始采用了这种方法。

王建墓、扬州邗江墓出土的银平脱漆器表明，这一时期的平脱工艺已经达到了相当高的水平。其中最能代表五代时期漆器发展水平的是从苏州瑞光塔和湖州飞英塔发现的嵌螺钿漆器。这些漆器都是当地生产的，无论是形制、种类，还是技艺，其水平都超过了唐代，更超过了其他地区。从南唐词人冯延已、后蜀词人韦庄等人的作品得知，五代时期也同唐代一样，把金银平脱、嵌螺钿技术用于乐器的装饰上，但至今尚未发现实物。总之，如果没有五代时期南方诸国漆器的发展，也就没有宋代漆器在南方的进一步繁荣。

注　释

［1］沈令昕《上海市文物保管委员会所藏的几面铜镜介绍》，《文物参考资料》1957 年第 8 期。

［2］河南文物工作队《唐墓清理简报》，《文物参考资料》1956 年第 6 期。

［3］中国社会科学院考古研究所河南第二工作队《河南偃师杏园村的六座纪年唐墓》，《考古》1986 年第 5 期。

［4］黄河水库考古工作队《1957 年河南陕县发掘简报》，《考古通讯》1958 年第 11 期。

［5］《无产阶级文化大革命期间出土文物展览简介》，《文物》1972 年第 1 期。

［6］《扬州唐代木桥遗址清理简报》，《文物》1980 年第 3 期。

［7］荆州地区博物馆《湖北监利县出土一批唐代漆器》，《文物》1982 年第 2 期。

［8］河南省文物研究所《陕县唐代姚懿墓发掘报告》，《华夏考古》1987 年第 1 期。

［9］陕西省法门寺考古队《扶风法门寺塔唐代地宫发掘简报》，《文物》1988 年第 2 期。

［10］宁安县文管所等《黑龙江省宁安县出土的舍利函》，《文物资料丛刊》第 2
　　　期，文物出版社 1978 年。

［11］陈晶《中国漆器全集》第四卷，福建美术出版社 1998 年版。

［12］原报告载于《文物参考资料》1955 年第 3 期；杨有润《王建墓漆器的几片
　　　银饰片》，《文物参考资料》1957 年第 7 期；冯汉骥《前蜀王建墓出土的平
　　　脱漆器及银铅胎漆器》，《文物》1961 年第 11 期。

［13］扬州博物馆《江苏邗江蔡庄五代墓清理简报》，《文物》1980 年第 8 期。

［14］苏州市文管会、苏州博物馆《苏州市瑞光寺塔发现一批五代、北宋文物》，
　　　《文物》1979 年第 11 期。

［15］陈晶《常州等地出土五代漆器刍议》，《文物》1987 年第 8 期。

［16］注同［15］。

［17］湖州市飞英塔文物保管所《湖州飞英塔发现一批五代、北宋文物》，《文物》
　　　1994 年第 2 期。

［18］郑师许《漆器考》，中华书局 1936 年版。

七 宋辽金元漆器

（一）宋代漆器的考古发现

宋朝前后两百多年，手工业在盛唐的基础上有了进一步的发展和提高，特别是官办手工业管理机构极为庞大，瓷器、漆器等手工业产品广泛进入了市场。漆器的生产也比唐代有了较大发展。宋代漆器生产主要在南方，并形成了温州、杭州等漆器制作中心。目前人们所见宋代漆器的传世品很少，大都是出土器物。

1．宋代漆器的考古发现

（1）河北巨鹿。1925年，河北巨鹿故城出土了北宋大观二年（公元1108年）黑漆残器底，其上有朱漆草书"辛大郎祖铺"字样[1]。

（2）浙江杭州。1953年7月至8月，在杭州西湖老和山清理了四座小型宋墓，出土了九件漆器[2]。漆碗，大小三件，似是一套。口径17.5－18.5厘米，底径11.5－12厘米，高6.1－6.6厘米。均系薄木胎，表里均髹黑漆。在碗的外口下有一行"壬午临安府符家真实上牢"的朱书铭文。"壬午"是公元1162年，即南宋绍兴三十二年（图三三）。漆盘一件，口径14厘米，底径8.5厘米，高2.5厘米。颜色、胎质与漆碗相同。盘外口有朱书"壬午临安府符家真实上牢"。漆棒一件，长17.5厘米，木胎黑漆，上细下粗呈茄子状，似为搅拌用具。

图三三　浙江杭州老和山宋代黑漆碗

漆盒两件，表里均髹黑漆。一件为厚木胎，高 5 厘米，器盖直径 10 厘米。另一件是薄木胎，表里髹黑漆，高 5.6 厘米，器盖直径 8.8 厘米。内盛玉玛瑙和料制的小饰件十二个以及"天下太平"小钱一枚。漆奁两件，一件残破，另一件比较完整，只残缺一角。奁直径 7.5 厘米，盒口沿镶有铜箍。漆剑一件，全长 42 厘米，竹胎，外髹黑漆，出土时剑身已残断。

　　（3）江苏淮安。1959 年 11 月，南京博物院在江苏淮安西南六里的杨庙镇清理了五座宋代墓葬。其中两座有纪年，一座为北宋嘉佑五年（公元 1060 年），一座为北宋绍圣元年（公元 1094 年）。五座宋墓共出土漆器七十五件，是宋墓中发现漆器较多的一次[3]。漆盘二十七件，均为花瓣式，分六瓣和十瓣两种。凡盘内髹红色、盘外髹黑色的为十瓣，内外均髹红色的为六瓣。漆盒九件，有圆形、长方形、腰形、菱花形。另外，还有漆罐五件、漆梳四件、漆钵两件、漆茶托两件、漆画轴两件、漆几一件、漆笔床一件、漆镇纸一件、漆筒一件。上述漆器的颜色以黑色为主，酱红色较少，但有一部分是内黑外红或内红外黑的。凡底部和外部有文字的地方全部髹为黑色，文字用红色。特别值得注意的是，淮安宋墓出土的漆器有文字的达十九件（图三四）。其中有三类文字：一、"香"、"库"、"杨中"等字；二、"杭州胡"、"杭州胡二"等字；三、"己酉杭州吴上牢"、"壬申杭州北大吴□□"、"壬申杭州真大□□上牢"、"丁卯温州开元寺东黄上牢"、"戊申温州□三叔上牢"、"己酉温州□□上牢□"、"江宁府烧朱任□上牢"、"江宁府烧朱□□上牢庚子□"、"选行素漆丙子□张义目□□"等。这些文字记录了制造漆器的时间、地点和工匠姓名。

（4）湖北武汉。1965 年 11 月，在武汉市汉桥区十里铺发

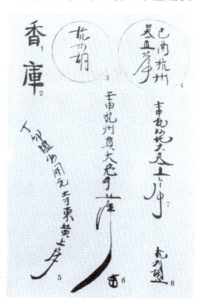

图三四　江苏淮安
宋墓出土漆器铭文

图三五 湖北武汉十里铺北宋花瓣式朱漆盏托

图三六 湖北武汉十里铺北宋花瓣式褐色漆碗

现的北宋墓葬中出土随葬器物四十四件，其中漆木器十七件。漆器均为木胎，胎较薄，制作精致，漆皮脱落处可见木胎上的细密旋纹。这批漆器多为食器，有碗、盘、盏托（图三五）、钵、果盒、唾盂、粉盒和盆等[4]。碗有四件。其中六瓣花形两件（图三六），内外均为黑漆，黑漆脱落处均露出红漆，为两次所漆。另两件是平折宽唇，弧壁，直圈足。器外黑色，器内赭色。底外壁朱书"丙戌邢家上□（牢）"六字。另外，还有盏托两件、盘两件，均为六瓣花形。钵两件。一为六瓣形，器外壁朱书"己丑襄州邢家造真上□（牢）"十字。一为圆形钵，器壁外朱书"戊子襄州驸马巷西谢家上□（牢）"十二字。果盒一件，内底墨书"庆□□"三字。盒四件，可分为三式，其中一件为六瓣形，器壁外朱书"丁亥邢家上（牢）"五字。除此之外，尚有盆、唾盂各一件。这批漆器的样式、制作方法和文字书法与江苏淮安、无锡等地风格一脉相传。漆器上有"丙戌"、"丁亥"、"戊子"、"己丑"四个年号，前者为宋徽宗大观的前一年，余为大观一、二、三年。"襄州"为湖北襄阳。古代文献早有襄阳盛产漆器的记述，如《国史补》谓"襄州人善为漆器，天下取法，谓之襄样"，《新唐书·地理志》载"襄阳府岁贡漆器"，《通考》曰"建炎元年诏罢襄阳府漆器"。有关襄阳制作漆器的记述很多，但一直未见实物，此次出土的漆器使人们得见其风貌。

（5）浙江瑞安。1966年底到1977年初，对浙江省瑞安县仙岩北宋慧光塔进行了清理，发现一批写经、刻经、舍利函等重要文物。檀木胎经函一件。外函长40厘米，宽18厘米，高16.5厘米。用漆堆塑佛像、神兽、飞鸟、花卉等，嵌小珍珠，地纹为金绘飞天、花鸟。函底有金书一行，依稀可辨"大宋庆

图三七　浙江瑞安慧光塔宋代描金堆漆舍利函

历二年"等字。内函没有堆漆。顶部以忍冬为地纹，再工笔金描双凤纹；以菊花形为地纹，再金描花鸟纹。须弥座上以菱形网状为地纹，再金描神兽。舍利函一件（图三七），方形，高41.2厘米，底宽24.5厘米。金描堆漆菊花形纹，嵌小珍珠，四面中部工笔金绘人物画四幅，似为简化了的《朝元仙杖图》。这是唐代以来道观壁画中常见的题材。舍利函底部有金丝栏金书十一行，根据题记可知其制作于北宋庆历二年（公元1042年）二月[5]。

（6）福建福州。1975年，福州市第七中学在该校扩建操场时发现一座三圹并列的宋墓。该墓出土的漆器有漆奁、漆粉盒、髹尺、漆缠线板和漆镜架共七件[6]。漆奁一件，置于棺内。奁为黑色夹苎胎，平面六角葵瓣形，镶银边，分三层，内装铜镜、银盅、粉盒、粉扑、粉块、铜钱、棕刷、银碟、竹刀、银罐、梳子等共三十三件。通高18厘米，内径宽16.4厘米，外径17.5厘米。漆粉盒三件，黑色夹苎胎，圆形素面，带盖平底，镶铜边，高4.3厘米，径6.8厘米。其中一件内装粉扑一个，还残留一些粉腐物。另一件盒内也有类似的物质，置于漆奁第二层。漆尺一件，木质，通体髹黑漆。长28.3厘米，宽2.6厘米，厚1.25厘米。尺中分两半：一半分划五格，每格一寸，阴刻不同花纹；另一半无划格，仅阴刻梅花一株，纹内填彩。尺两面形制相同。漆缠线板一件，木质，通体髹黑漆，长方形，四角修削凹入，双面阴刻一株梅花。长12.8厘米，宽5.5厘米，厚0.8厘米。漆镜架一件，木质，通体髹黑漆，用黑色纹罗带绑结，有可以叉开和紧合的活动支架，叉开时镜可斜放架上。镜架长15.5厘米，宽12.5厘米。

（7）江苏金坛。1975年7月，在江苏金坛发现一座南宋墓葬。据记载，墓主为周瑀，身份为太学生，死于己酉年，即南宋淳祐九年（公元1249年）[7]。随葬品中有团扇两把。其中一把为木柄杆，竹丝骨，扇面裱纸，黑漆边。竹丝骨子细如鬃毛，规整而紧密地穿插在扇杆上。扇杆髹黑漆，扇柄棕黄色漆地上绘棕红色云纹，柄上装有一月牙形扇托以护扇面。扇面长26厘米，宽20厘米。扇柄长16厘米，最粗的直径1.6厘米。另一把为雕漆镂空转扇柄，扇面部分与上一把相同，扇柄镂空雕漆三组对称的云头如意花纹，环绕中间的杆轴自由旋转。转柄头部刻有隶书的"君玉"两字，明显看出是后刻的，应是周瑀的字。雕漆扇柄略似橄榄形，中间稍粗，两头稍细，长12.5厘米，最大圆周7.2厘米。在镂空处可看到木质扇轴。表层漆色黝黑，刀口呈赭色，细看在0.5厘米左右的刀口上呈现出十多道红漆，每道之间有黑漆，雕工精细，刀法圆润。从文献资料记载和实物可知，古代的扇柄有玉、牙、木、骨、竹、根、紫檀雕等，但是雕漆扇柄却不见记载。这种特殊的镂空雕漆工艺，在以往出土文物中极为罕见。

（8）江苏沙洲。1977年，在江苏省沙洲县常丰河工地上发现一座宋墓。据残存的墓碑字迹看，墓主曾在苏州、广州、汀州当过武官，在一次保卫海防的战役中阵亡。棺内发现一只青瓷碗和两只包银竹胎漆碗。出水之后，一只漆碗的银和竹胎很快分离，另一只比较完整[8]。漆碗高6.5厘米，口径14厘米，底径6厘米，厚0.5厘米。胎骨是以0.3厘米宽、0.1厘米厚的竹片编成，两面堆漆，内薄外厚（外部漆层最厚处达0.3厘米）。漆色褐黑带红，至今仍乌亮耀眼。碗的外壁雕刻成上下相交的如意形云纹图案，刀口断面露出有规律的漆层。碗内壁包镶薄薄的银箔，由底包到口沿外反转后嵌入漆中，银

图三八　江苏沙洲宋代剔犀云纹漆碗

边与漆口粘得很牢，已融为一体（图三八）。银面由于长期浸在水中，已为黑色，刮去外层，还能露出洁白的银质。

（9）江苏无锡。1977 年，在江苏无锡市郊发现两座宋墓，其中出土的文物有漆尺、漆盒、漆钵等[9]。漆尺一件，木质，全长 32 厘米，宽 3.1 厘米，厚 0.6 厘米，髹酱红色漆。尺两面分别以相反方向一半刻标志寸的刻度，一半刻牡丹花纹图案。漆盒两件，均为木胎，内外髹黑漆。一件为菱花形镜盒，高 9.6 厘米，直径 25 厘米，底部中间有一小圆孔，内置一菱花形素镜；另一件为六瓣花形，高 12 厘米，直径 12 厘米。漆钵一件，木胎，高 7.8 厘米，口径 13.2 厘米，底径 8.8 厘米。内髹红漆，外髹黑漆。敛口，鼓肩收腹，平底微凹。此墓所出漆器最为珍贵的是漆尺。宋尺实物在全国各地发现较少，河北巨鹿、河南巩县和湖北武汉十里铺所出均是北宋时期的铁尺和木尺，且均为北宋晚期。从墓中所出钱币推断，此墓年代当在北宋中期。

　　（10）江苏武进。1977 年到 1978 年春，在江苏武进县村前公社清理了一批南宋墓葬，随葬器物中有不少漆器。其中有的为前所未见，而又确系漆工文献记载过的南宋珍贵漆器，从而为髹漆工艺史填补了空白[10]。戗金花卉人物奁，木胎，用灰漆较厚，通高 21.3 厘米，直径 19.2 厘米。此奁为十二棱莲瓣形，分盖、盘、中、底四层，合口处镶银扣。表面朱漆地，图案为细刻戗金。器盖十二棱间各有折枝花卉图案。盖面为一幅仕女图，表现的是夏季花园景象，有山石、花树，旁设一藤（瓷）墩。仕女为两主一仆。两位主人衣着华丽，外穿花罗直领对襟衫，长裙曳地。一人持团扇，一人持折扇，两人挽臂齐行。旁立一侍女，手捧长颈瓶。凡盖、盘、中及底各层棱间花卉图案均戗金。盖面内有“温州新河金念五郎上牢”十字。戗金长方形盒（图三九），通高 10.7 厘米，长 15.3 厘米，宽8.1 厘米。盒有子口，口部套一浅盘，木胎。在约 0.15 厘米的灰漆上，髹朱漆地，图案为细刻戗金。出土时光泽晶莹，色似珊瑚。盒面画一老人，露胸袒腹，荷一木杖，杖头挂钱一串。老人自山间行来，对面一茅屋。盒盖四周及盒身四面均细刻花卉纹。盖内朱书“丁酉温州五马钟念二郎上牢”十二字。戗金斑纹地柳塘图长方形盒（图四〇），通高 11 厘米，长15.4 厘米，宽 8.3 厘米，盖高 3.2 厘米。有子口，口部套浅盘。黑漆地，盒面为一幅柳塘小景。柳树上枝条叶脉间纹路细致清晰，纹内戗金。四周空间的黑漆地上钻出低凹的小圆点纹，纹内填朱漆后磨平。盒身四面装饰花卉纹。盒盖内侧有朱书“庚申温州丁字桥巷廨七叔上牢”十二字。剔犀执镜盒（图

图三九　江苏武进南宋朱漆戗金出游图长方形盒

图四〇　江苏武进南宋朱漆戗金斑纹地柳塘图长方形盒

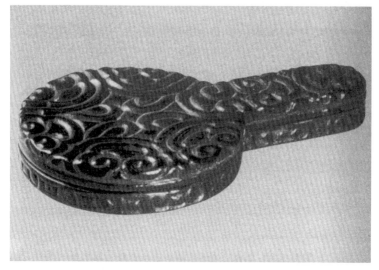

图四一　江苏武进南宋剔犀执镜盒

四一），木胎，底面有子母扣合，长 27 厘米，直径 15.7 厘米，厚 3.2 厘米。盒面、柄部及周缘剔刻云纹图案。褐底，黑面，朱、黄、黑三色更叠。堆积肥厚，刀口圆熟，底面及盒内侧为黑漆。根据墓中出土的钱币年代推断，此墓属南宋中、后期。墓中出土的戗金细钩填漆盒，不同于一般的填漆漆器。一般的填漆戗金是在漆地上先刻好花纹，纹内填色漆，磨平如画，然后再在花纹中浅刻出纹理，并戗金。这件长方盒是钻出低凹的小圆点纹，纹内填朱漆，谓之攒犀。这件漆器应属《髹饰录》第一六〇条"戗金间犀皮"类，是首次发现的此类漆器的实物。上述三件戗金漆器都是温州产品。据吴自牧《梦粱录》中记载，杭州城里著名的漆铺有"清湖河下戚家犀皮铺"、"里仁坊游家漆铺"、"彭家温州漆器铺"、"黄草铺温州漆器"。这些都是专门出售温州漆器的铺子，或由温州漆器迁到临安的漆器铺子。以前出土的温州漆器与杭州、江宁等地产品比较，未见有显著特色。这次出土的温州漆器，可以反映出它的真正水平。这三件戗金漆器明确出自钟念二郎、廨七叔、金念五郎三位工匠之手。"丁酉"、"庚申"是漆器的制作年代。"丁酉"当是公元 1177 年或 1237 年，"庚申"在公元 1200 年或 1260年。

（11）江苏常州。1982 年 6 月，在常州市北环新村发现土坑木椁墓一座。该墓出土了一批鲜见的宋代漆器[11]，包括银里漆罐、盒、银包口朱漆托子、扁圆形黑漆盒、黑漆钵以及夹砂残漆片等。银里漆盖罐两件。一件为圆筒形，通高 6.3 厘米，口径 8 厘米，厚 0.34 厘米。罐分内外两层，内层器壁为一银质平底筒形罐，里壁厚 0.12 厘米。外层漆罐，木胎，素面，黑漆退光。银筒罐口都高丁漆罐外壁，形成子口，底部有0.15 厘米宽的一周边沿，略高出器底。器盖高 1.8 厘米，内壁银质，外壁以漆盖包合，盖面略呈弧形。另一件失盖，为圆筒形，高 5.5 厘米，口径 6 厘米，底径 7.3 厘米。内层银筒为里，口沿内敛，外壁漆罐形式与上述漆罐相同。这种造型的漆罐是江浙地区北宋与南宋墓葬中普遍使用的随葬品。内壁为银胎者过去未见实物。银里扁圆盒一件，通高 3 厘米，盖高 1.2厘米，口径 10 厘米。内层银质，银里口部伸出，形成子口。外层漆盒，木胎，素面，黑漆，退光。盖内层银质，外包漆盖，盖面略呈圆弧形，盒底边沿高于底面。银包口朱漆托子一件，通高 6 厘米，托杯口径 8.7 厘米，托沿径 14.5 厘米，足径 7.3 厘米。托杯内侧及足内侧髹黑漆，托杯外壁、托沿、足外髹朱漆。杯口内敛，为六瓣形托沿。足外撇，杯口、托沿、足沿周镶银包口。托底朱书铭文"苏州真大黄二郎上辛卯"。

（12）浙江杭州。1982 年 7 月，在杭州市北郊宋代墓葬中出土漆器十件，有盒、盘、唾盂等[12]。漆钵一件，保存基本完好。胎骨从破损的断面观察，似用屈木盘叠而成。每层宽约 1 厘米，厚 0.15 厘米。内外涂漆灰，灰层厚约 0.05 厘米，填嵌牢固完整。内外髹黑漆，色泽乌黑光亮。带托座漆唾盂一件，保存基本完好。其造型与宋代瓷唾盂及盏托相同，胎骨亦以屈木制成。圈足、颈部较宽薄，盘口和托座的盘沿则较窄而厚。内外髹黑漆，色泽光洁。唾盂的底部有朱书文字一行，笔迹潦草难以辨认。托座的拖圈内亦有朱书文字一行，内容为"丁卯温州□□成十二□上牢"。唾盂口径 21.2 厘米，底径 7.6 厘米，高 12 厘米。托座口径 10.9 厘米，盘径 18.2 厘米，底径 8.8 厘米，高 3.4 厘米。

（13）四川彭山。1982 年，在四川彭山南宋虞公著夫妇合葬墓中出土了一件朱漆雕花圆盒盖，盖面饰有五组云纹及葵子纹组成的雕刻图案，盖侧为卷莲纹组成的花边[13]。

（14）江苏无锡。1986 年 11 月，在江苏省无锡市南门发现两座宋代墓葬[14]。其中出土的漆器如下：碗一件，木胎，素面。敞口呈十瓣葵花形，弧腹，高圈足。内髹酱红色漆，外髹黑漆。圈足外底朱书"癸丑陈伯修置"款。高 10 厘米，口径 15.2 厘米，足径 7.6 厘米。盘三件，均木胎，素面。可分两式：Ⅰ式两件。敞口呈十瓣葵花形，弧腹，平底。内髹酱红色漆，外髹黑漆，色泽光亮。其中 M1：2 外底朱书"癸丑陈伯修置"款。高 3.6 厘米，口径 15.8 厘米，底径 9 厘米。M1：3 已残，外底朱书"辛亥歙州钟家直上牢"款。高 3 厘米，口径 13 厘米，底径 8 厘米。Ⅱ式一件。直口呈八瓣花形，弧腹，平底。内髹朱红色漆，外髹黑漆。高 4.5 厘米，口径 33.5 厘米，底径 25 厘米。盖罐两件，形制、大小相同，均木胎，素面。盖母口，面微弧。身子口，筒形腹，平底。内外髹黑漆。外底均朱书"癸丑伯忠置"款。通高 9.4 厘米，口径 8 厘米，底径 8.8 厘米。奁一件，木胎，素面。盖身均呈四瓣菱花形。盖母口，身子口，平底，圈足。内外均髹黑漆。盖口外朱书"壬"字，其下奁身朱书"子"字款，外底朱书"壬子伯修置"款。通高 16 厘米，身口径 24.4 厘米。该墓所出漆器的胎质、形制和制作工艺与江苏常州北环新村北宋墓、无锡市郊北宋墓出土漆器特征基本相似，也当为北宋产品。这批漆器的干支年款有"辛亥"、"壬子"、"癸丑"三种，以"辛亥"为最早。其中"辛亥"款的漆盘标明产地"歙州"。据分析，这批漆器的制作年代当在北宋熙宁四年至六年。以往宋墓出土漆器所记产地有杭州、温州、湖州、四明、江宁、苏州和常州等，明确署"歙州"款的是首次发现。

图四二　福建福州茶园山
南宋剔犀云纹六角形盒

（15）福建福州。1986年，在福州市茶园山南宋墓中出土了五件剔犀漆器，有圆盒、六角盒（图四二）、菱花形盒等。器物表面有红面、黑面两种，器形完整，均雕如意形云纹。笔者曾在1996年看过这几件器物。遗憾的是至今未见到该墓的考古发掘报告。同时，笔者还在福建闽清县文化馆看到两件剔犀小盒。据介绍，它们是1992年从福建闽清县白樟乡南宋墓出土的。

（二）宋代漆器的主要品种及特点

宋代漆器的主要品种有一色漆器、描金堆漆、戗金漆器和雕漆。

1. 一色漆器

一色漆器是宋代的主要漆器品种，指的是器物通体髹一种颜色的漆器。有的表里异色，或表里同色、底足异色，也归为一色漆。由于一色漆器没有任何装饰和花纹，质朴无华，又称其为"光素漆"。从上述考古发现可知，宋代一色漆器出土数量多，分布地域广，器物用途范围大，制作地点多。

宋代的一色漆器以黑色为主，兼有红色、褐色、赭色和黄色等。器形有饮食用具中的盘、碗、碟、盒、钵、罐、勺、盆、渣斗等，茶具中的盏托，梳妆用具中的奁、粉盒、梳子，文具中的笔筒、镇纸、画轴，家具中的几，还有瓶、棒、剑等。花瓣形碗、盘以及各种造型的盒是这个时期的流行器形。碗、盘大都与同时期的瓷器造型相同。

在制作工艺上，宋代一色漆器多以薄木胎制成，特别是采用了五代就已定格的圈叠法。圈叠法是用木片裁成条再弯曲成圈，烘干定型后，一圈圈累叠、胶粘成形，经打磨后再上灰髹漆。圈叠法是从薄片屈木胎的基础上发展而来的，制作的漆器不易变形，是漆工艺制作的一大进步。

在宋代一色漆器上，多有铭文。由此可知，其制作地点主要有温州、杭州、襄阳、苏州、江宁府、常州、湖州、四明等。它们证明了宋代漆器制作中心已南移，并主要在江浙一带。漆器有铭文始于战国，那时已写有工匠的姓名、数字等。秦代漆器的铭文已经很丰富。到汉代又发现纪年铭文。到了晋代，朝廷规定凡作漆器出售的，必须用朱色写明作者姓名、年月。据《太平御览》卷七五六"器物"部记载："晋令曰欲作漆器物卖者，各先移主吏者名，乃得作。皆当淳漆，著布骨，器成以朱题年月姓名。"到了宋代，漆器铭文更为普遍。

2．描金堆漆

描金是指用金粉调和，直接绘在漆器表面上的工艺。现珍藏于浙江省博物馆的瑞安慧光塔内出土的三件经函，除了采用单纯描金工艺，还在四壁周围及转角处采用了堆漆工艺。此外，苏州瑞光寺塔出土舍利宝幢的须弥座上也使用了堆漆做法。正如王世襄在《髹饰录解说》中所说："浙江瑞安县慧光塔发现的经函和舍利函，是宋代识文的实例……它不是用漆写起，而是用灰堆起……不是文质异色，而是花纹及地子一律是紫色。"从出土的描金堆漆实物分析，该物为浙江温州所产，并在北宋时期比较流行[15]。

3．戗金漆器

明末杨明为《髹饰录》作注曰："余见宋元之诸器，稀有重漆划花者，戗迹露金胎或银胎，文图灿烂分明也。戗金、银之制，盖源于此矣。"他认为宋代已有戗金漆器。过去由于文献著录宋代戗金工艺的很少，加上元代陶宗仪《辍耕录》、明初曹昭《格古要论》等都描述了元代的戗金漆器，所以许多研究者都认为戗金工艺始于元代。不过，据漆器研究专家王世襄考证，西汉时期已有戗金漆器了[16]。

所谓戗金是在朱色或黑色漆地上，用针尖或刀锋镂划出纤细花纹，花纹内填漆，然后将金箔或银箔粘贴上去，经过打磨处理，形成金色或银色的花纹。江苏武进出土的南宋戗金漆器，为人们认识宋代戗金漆器提供了可靠的依据。戗金仕女图奁、出游图长方盒、柳塘图长方盒，技艺之娴熟，刻画之精细，均达到了炉火纯青的程度，是宋代戗金漆器的代表作，也代表了宋代漆器制作的最高水平。尤其是这三件作品都有铭文，注明了制作时间、地点和工匠姓名，也证明了宋代戗金漆

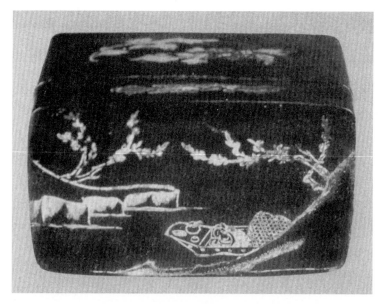

图四三　江苏江阴夏港南宋黑漆戗金醉睡江舟图长方形盒

器的主要制作地在浙江温州。无独有偶，1991年在江苏江阴夏港一座宋墓又出土了一件黑漆戗金醋睡江舟图长方形盒[17]（图四三）。它与武进出土的戗金出游图长方盒似乎是姊妹篇，在画面构图或人物衣着等方面都像是表现同一地点、同一人物、同一题材[18]。

宋代戗金漆器已在三方面形成了自己的风格。其一，在画面构图上疏密有致，突出所要表现的主题。江苏武进、夏港出土的戗金漆盒的立墙上所装饰的花卉画面留有大量的空白处。这种表现形式既没有空泛之感，又有别于元代戗金漆器所流行的通体刻画；其二，在戗金工艺上采用细钩纤皴技法，物象细钩之间一一划刷丝。用较粗的线条表现物象的轮廓，用细线、细点表现物象的细部和层次，具有写实风格；其三，在艺术效果方面，无论是表现人物，还是表现花卉，已达到戗划与绘画浑然一体的效果[19]。

4．雕漆

雕漆的兴起是宋代漆器发展的一个突出成就。尽管文献记载唐代已有雕漆工艺，但确切的实物却至今未见。目前所见最早的雕漆实物是宋代的作品。对于宋代雕漆，历代著录很多。例如，明王佐增补《格古要论》载："宋朝内府中多金银作素者。"明张应文《清秘藏》曰："宋人雕红漆器，多以金银为胎，妙在雕法圆熟，藏锋不露，用朱极鲜，漆坚厚而无敲裂痕。所刻山水楼阁人物鸟兽，俨然若图画，为绝佳耳。"明黄成《髹饰录》载："宋元之制，藏锋清楚，隐起圆滑，纤细精致。"谢堃《金玉琐碎》曰："宋人有雕漆盘盒等物，刀入三层，书画极工。竟有黄金为胎者，盖大内物也。民间有银胎、灰胎，亦无不精妙。"

雕漆是在已做好的木胎上层层髹漆，待达到一定厚度时再按所需图案雕刻出花纹，具有层次分明、主题突出的浮雕效果。因所雕漆色的不同，雕漆又分为剔红、剔黄、剔彩、剔绿、剔黑、剔犀等若干品种。雕漆的出现虽然比较晚，但却后来居上，成为唐以后漆器的主要品种。宋代雕漆目前只见有剔黑、剔红和剔犀三种。

剔者，雕也。剔黑，即雕黑漆。目前，国内还没有一件宋代剔黑作品，但在日本却收藏有数件传世宋代剔黑漆器。比较典型的是日本文化厅收藏的一件珍贵的宋代剔黑婴戏图盘。此盘高 4.5 厘米，直径 31.2 厘米，圆形，内外髹黑漆，雕刻了十名天真活泼的儿童在庭院中嬉戏的场面。它与宋朝遗民许子元在公元 1279 年携往日本的醉翁亭图剔黑盘相比，刀法相似，均为南宋时的雕漆。日本德川美术馆出版的《唐物漆器》中有两件剔黑花鸟纹长方盘。

剔红，即雕红漆。北京故宫博物院收藏的一件剔红桂花圆盒，被有的学者定为南宋时期的作品。该作品的年代还有待于进一步的考证和研究。美国纽约大都会博物馆陈设有一件宋代剔红人物葵瓣式盘。该盘口径约 50 厘米左右，应是已发现的宋代雕漆中最大的一件。古代文献中也有宋代剔红漆器的记载。例如，明人陈继儒《泥古录》中记载了宋代剔红桂花香盒[21]。

目前考古所发现的宋代雕漆，主要是剔犀。剔犀也是雕漆的一种，与剔黑、剔红所不同的是它的装饰手法具有相对的独立性。剔犀工艺的做法是用两种或三种色漆，先在胎骨上用一种色漆刷若干道，积成一个色层，再换一色漆刷若干道，有规律地用两种或两种以上色层达到一定厚度，再用刀雕刻出云纹、回纹、卷草纹等，在刀口的断面显露出不同的色层。因此，剔犀能够取得比纯色雕漆更富于变化的装饰艺术效果。剔犀虽然属于雕漆范畴，但这种工艺只是以雕刻线条简练、流畅大方的云纹、回纹等为主，并不雕刻山水人物、花鸟鱼虫等。关于剔犀漆器出现的时间，过去一直认为始于宋代。虽然有人提出在日本的收藏家手中收藏有汉代的剔犀漆器[22]，但目前考古发现最早的还是宋代的剔犀漆器。例如，江苏金坛南宋墓出土的剔犀扇柄、江苏武进南宋墓出土的剔犀镜盒、江苏沙洲北宋墓出土的剔犀碗、四川彭山南宋墓出土的剔犀圆盒盖、福州市茶园山出土的剔犀盒等。从这些宋代的剔犀作品看，虽然多出自长江以南地区，但还很难得知它们的生产地和制作者。福州市出土的剔犀漆器很可能就是在当地制作的，因明代曹昭的《格古要论》中记述有"福犀漆器"。这些剔犀漆器有红、黄、紫三色更迭的，也有红、黄、黑交替的，所雕花纹委婉生动，简练流畅，风格古朴，刀口磨制得光滑圆润。有的与脱胎工艺、镶嵌工艺有机结合，高贵华美。

出土宋代剔犀漆器表[23]

器物名称	时代	尺寸单位（厘米）	漆色	纹饰	出土地点　收藏单位
剔犀圆盒盖	南宋	高 1.5 径 7.5	朱面	盖面周围为五组如意云纹，中央葵籽，纹呈五角圆心。	四川彭山县南宋虞公著夫妇合葬墓出土。
剔犀圆盒	南宋	高 3.7 径 6	黑面，黄红相间。	盖面四组如意云纹，中央为圆圈。	福州市闽清县白樟乡南宋墓出土，福州市闽清县文化馆藏。

剔犀扁圆盒	南宋	径 15.2	红面，红黄黑三色更叠。	纹饰与武进村前南宋墓出土执镜盒相同。	福州市茶园山南宋墓出土，福州市文物考古工作队藏。
剔犀执镜盒	南宋	长 27 径 15.7	黑面，黑黄朱更叠。	盖面周缘为五组如意云纹，中央四组云钩纹。盒柄为两组上下相对称的如意云纹。	江苏武进村前南宋墓出土，常州市博物馆藏。
剔犀执镜盒	南宋	残	黑面，黄朱更叠。	盒盖为六瓣菱花形，盒墙图案由对称的如意云纹和香草纹组成瓣心。	福州市闽清县白樟乡南宋墓出土，福州市闽清县文化馆藏。
剔犀长方镜箱	南宋	高 22 长 25 宽 18	糇酱红漆	雕如意云纹。	福州市茶园山南宋墓出土，福建省博物馆藏。
剔犀长方镜箱	南宋	高 12.5 长 16.7 宽 11	黄地	盖面有如意云纹图案的痕迹，箱体不见剔犀纹。	江苏武进村前南宋墓出土，常州市博物馆藏。
剔犀长方镜箱	南宋	修理中	黑面，黄朱相间。		福州市茶园山南宋墓出土，福州市文物考古工作队藏。
剔犀菱花形奁	南宋	高 15.6 径 15.5	紫面，黄红相间。	盖面如意云纹图案。	福州市茶园山南宋墓出土，福州市文物考古工作队藏。
剔犀（红）六角形奁	南宋	高 13.7 径 12.9	红面，黑线一道。	盖面如意云纹。	福州市茶园山南宋墓出土，福州市文物考古工作队藏。
剔犀银里碗	北宋	高 6.5 径 14	紫面，红黄紫三色更叠。	碗壁布满如意云纹。	张家港市杨舍镇戴巷村宋墓出土，张家港文物管理处藏。

剔犀长方箱	金	高 12.2 长 24 宽 16	黑面，朱黑相间。	盖面及套盒内底饰香草纹，箱体立墙四面皆饰香草纹。	山西大同金代墓葬出土，大同市博物馆藏。
剔犀圆盖盒	南宋	高 7 径 13.5	黑面，红线一道。	盖面及盒身布满香草纹。	江阴夏港宋墓出土，江阴市博物馆藏。
剔犀团扇柄	南宋	长 12.5 径 2.4	朱面，朱黑两色相间。	柄体布如意云纹。	金坛南宋周瑀墓出土，镇江市博物馆藏。

（三）辽金漆器的考古发现

　　辽代和金代的历史较短，都是少数民族建立的政权。在器物制作上除了具有传统的游牧民族特点，大都吸收了中原的风格。辽、金时期的漆器，考古发现的很少，且基本上与宋代漆器的风格一致，应该是被辽、金占领的宋人所制。因此，有的研究者把它们归为宋代漆器。

1.辽宁法库

　　1974 年春，在辽宁法库叶茂台公社发现了一座辽代砖墓，出土的漆器有钵、碗、器盖、奁、梳、大盘、盆、勺、枕等二十余件[24]。

　　这些漆器的胎质有木胎和卷木夹苎胎两种，漆色有黑光、朱红和酱红色三种。其中以木胎、酱红色的一批小碗和龙首勺保存较好。漆瓜楞式奁盒，卷木胎，外形是平顶上下扣合式，下有圈足。盖与身的周壁还有龛式凹窝，外体髹黑漆，内壁和凹窝处则髹红色。盒内还有一个花式盘，垫在盒底上，内底髹红色，外底髹黑色。由于胎壁很薄，这种周壁凹花式的做法难度较大，因而工艺价值也较高。奁内有唐代海兽葡萄纹铜镜及其他梳妆用品。漆木双陆一副，棋盘为长方形，在两个长边各雕出一个月牙形纹样和左右共十二个圆坑，雕处涂以白色。盘上堆放着三十粒锥形棋子，黑白各十五粒。

　　部分漆器上有款识，多在底部，个别在外口下。银扣钵的四条款识为"庚午岁李上牢"（底款），"旧□癸□亥□家自造上牢"（底款），"丁丑翟杨家自造上牢"（底款），"杨家自造上牢"（边款）。漆奁内花式盘底款识为"□□成上牢"。这些款识都是红漆书写的。一件小碗的圈足内则有墨书的"官"字。另一件碗底墨书一"高"字。大部分漆碗圈足内部打有一"孝"字的反书印记。这些款识的格式和已出土的北宋漆器颇为相似。带有"上牢"字样的漆器从河北到南方都有出土，但作"自造"字样的还仅见淮安宋墓漆碗一件。此墓漆器款识的一个特点是不署产地。这和无锡、杭州、淮安等地宋墓出土的那些注明"杭州"、"温州"、"临安府"、"江宁府"字样的款识不同。联系到河北巨鹿出土的残器底仅有"辛大郎祖铺"字样，同样不署产地，研究者们推测可能这是当时北方漆器铭文款识的一个共同格式。北宋时的髹漆名匠多在定州，这批漆器（包括巨鹿出土）有可能就是定州生产的。定窑早期瓷器有带"官"字款的，此墓漆碗也带有同样字款，由此推测定州当时不仅设有制瓷的官窑，而且也设有制漆器的官作坊。

2．山西大同

　　20世纪50年代初，山西大同市发现一座金代墓葬，出土了剔犀奁、漆碗、漆勺、漆粉盒等漆器[25]。剔犀奁一件（图四四），长24厘米，宽16厘米，高12.2厘米，楠木胎。木胎

图四四　山西大同金代剔犀长方形奁

外先糊一层麻布后上漆，内用褐红漆，外为剔犀，通体凸起香
草纹。奁盖与奁体有子口相扣，内卡托盘一个。托盘长 20.6
厘米，宽 13.7 厘米，深 3.7 厘米，通体糅褐红色漆，正面为
剔犀香草纹。奁的面及底均用黑漆，中间夹朱漆两层、黑漆一
层，朱黑相间。加工技法娴熟，花纹委婉生动。漆碗一件，口
径 11 厘米，高 3.5 厘米，圈足径 4.7 厘米，木胎。褐漆地上
绘团花三组。一组为梅花，朱红枝桠上有白色梅花三组、花蕾
十三个；一组为三只黄色蝴蝶；一组为一丛翠竹。用了红、
白、黄、绿等漆色，笔法娴熟，装饰意味浓厚。

（四）元代漆器的发现、收藏和研究

元代的江南一带仍是漆器制造业的中心。浙江的嘉兴更是制作雕漆、戗金漆器的中心，并涌现出张成、杨茂、彭君宝等制作漆器的能工巧匠。江西的吉安庐陵也以善制螺钿漆器闻名于世。杭州的戗金漆器、苏州的雕漆、福州的剔犀漆器均闻名于朝野。

1. 元代漆器的考古发现

1952 年，在上海青浦县任氏墓出土了漆奁、瓶、盒等元代漆器[26]，其中最为突出的是剔红东篱采菊图圆盒。此盒高 3.9 厘米，口径 12 厘米。圆形，平顶，直壁，平底。外髹朱漆，呈枣红色。盖面雕头戴巾帽、右手曳杖的老翁伫立于竹篱虬松下，身后有一侍童，双手捧菊，点明东篱采菊之意。盖面图案下以流畅的曲线表现波浪形水纹，盒壁雕刻二方连续回纹。此盒漆质坚硬，雕工简练浑厚，水波纹纤细精巧，增强了画面的层次感，富有装饰趣味。另有漆奁一件，高 38.1 厘米，直径 25.5 厘米，底径 19.7 厘米。朱漆，木胎，通体为八瓣莲花形，分盖、盘、中、盘、底五层。

1960 年，在无锡市元墓中出土了十件漆器，其中有八瓣莲花形朱漆奁、圆盒、盆、桶等[27]。

1972 年，漳县文化馆清理了位于城南 2.5 公里的徐家坪元、明两代汪氏家族墓葬群中的元代墓葬七座，出土了一件漆案。此案为柏木质，髹朱漆，有四圆柱腿，案面及四腿满雕龙纹，以牡丹花叶纹为地，长 70.2 厘米，宽 35.8 厘米，高 58 厘米。这件漆案实际是元代的红雕漆[28]。

20 世纪 70 年代，在北京元大都后英房遗址中出土了一件嵌螺钿广寒宫残片（图四五）。残片最宽处约 37 厘米。残存部分的中间有一座两层的楼阁，楼阁旁植梧桐树和桂花树，阁上云气缭绕，两侧还有两座建筑。碎片中尚有妇女的头像及"广"

图四五　北京元大都遗址嵌螺钿漆盘残片

字残匾，故定其名为"广寒宫"。广寒宫所镶嵌的螺钿均为细
小的螺钿片，并刻划细部纹饰，呈现出红、蓝、绿、紫的美丽
光泽。正如《髹饰录》中所言："百般文图，点、抹、钩、条，
总以精细密致如画为妙，又分截壳色，随彩而施缀者，光华可
赏。"就目前而言，已出土的元代螺钿漆器仅此一件，虽是残
片，却十分珍贵[29]。

1978 年，在浙江省海宁县袁化公社发现元代墓葬一座，
出土了一件漆盒。漆盒通高 7 厘米，直径 18 厘米，子母口，
圆饼形，木质，黑色素面[30]。

1980 年，在北京延庆县清泉铺公社发现元代窖藏文物数
件，其中有一件朱漆光素盘[31]。此盘高 5.9 厘米，口径 36.3
厘米，足径 28.5 厘米。盘为木胎，盘内外髹朱漆，足内髹黑
漆。盘底有朱漆直行楷书三行：中行为"内府官物"，右行为

"泰定元年三月漆匠作头徐祥天"，左行为"武昌路提调官同知外家奴朝散"。这三行款识虽被人刮过，但字迹仍依稀可辨。从款识得知，此盘是专供内府使用的。其制作时间为元泰定元年（公元1324年）。

出土唐、五代、宋、元漆器铭文表[32]

器物名称	时代	尺寸（厘米）	漆色	铭文	铭文种类与位置	出土地点　收藏单位
漆圈足盘	唐		内黑漆罩朱漆，外黑漆。	登	墨书，内底中部。	宁波和义路遗址唐代第一文化层出土，宁波市文物考古所藏。
漆圈足盘	唐		内朱漆，外黑漆。	□记上	朱书，外底圈足内。	宁波和义路遗址唐代第一文化层出土，宁波市文物考古所藏。
漆圈足盘	唐		内朱漆，外黑漆。	宗	墨书，内底中部。	宁波和义路遗址唐代第一文化层出土，宁波市文物考古所藏。
漆圈足盘	唐		内朱漆，外黑漆。	张	朱书，外底圈足内。	宁波和义路遗址唐代第一文化层出土，宁波市文物考古所藏。
漆圈足盘	唐		内朱漆，外黑漆。	居上	朱书，外底。	宁波和义路遗址唐代第一文化层出土，宁波市文物考古所藏。
漆圈足盘	唐		内朱漆，外黑漆。	唐上	朱书，外底。	宁波和义路遗址唐代第一文化层出土，宁波市文物考古所藏。
漆圈足盘	唐		内朱漆，外黑漆。	菜	朱书，外底。	宁波和义路遗址唐代第一文化层出土，宁波市文物考古所藏。
漆圈足盘	唐		内朱漆，外黑漆。	周璿	朱书，外底。	宁波和义路遗址唐代第一文化层出土，宁波市文物考古所藏。

漆圈足盘	唐		内朱漆，外黑漆。	周泽	朱书，外底。	宁波和义路遗址唐代第一文化层出土，宁波市文物考古所藏。
漆圈足盘	唐		内朱漆，外黑漆。	氾元	朱书，外底。	宁波和义路遗址唐代第一文化层出土，宁波市文物考古所藏。
漆圈足盘	唐		内朱漆，外黑漆。	萱	朱书，外底。	宁波和义路遗址唐代第一文化层出土，宁波市文物考古所藏。
漆圈足盘	唐	底径9.6，残高4。	内朱漆，外黑漆。	利贞	墨书，内底。	宁波和义路遗址唐代第一文化层出土，宁波市文物考古所藏。
漆圈足盘	唐	口径15.6，高1.6。	内黑漆，外罩朱漆底，外壁黑漆。	登	墨书，内底。	宁波和义路遗址唐代第二文化层出土，宁波市文物考古所藏。
漆圈足盘	唐	口径15.6，高1.7。	内黑漆，外罩朱漆底，外壁黑漆。	屠通(在中间)，吴上田(边款)。	朱书，外底。	宁波和义路遗址唐代第二文化层出土，宁波市文物考古所藏。
漆圈足盘	唐		内朱漆，外黑漆。	吴可及	朱书，外底。	宁波和义路遗址唐代第二文化层出土，宁波市文物考古所藏。
漆圈足盘	唐		内朱漆，外黑漆。	王	朱书，外口沿下。	宁波和义路遗址唐代第二文化层出土，宁波市文物考古所藏。
漆圈足盘	唐		内朱漆，外黑漆。	唐	朱书，外底。	宁波和义路遗址唐代第二文化层出土，宁波市文物考古所藏。
漆圈足碗	唐	口径15.6，高8.8。	外黑漆	张	朱书，外底。	宁波和义路遗址唐代第二文化层出土，宁波市文物考古所藏。

漆圈足碗	唐	口径 8，高 3。	外黑漆	假	朱书，外底。	宁波和义路遗址唐代第二文化层出土，宁波市文物考古所藏。
漆碗	唐	口径 15，高 6.5。	黑漆	籊金，上牢。	朱书，外底部。	扬州唐代木桥遗址出土，扬州市博物馆藏。
漆碗	唐	底径 10，残高 4.5。	内朱漆，外黑漆。	妣三	朱书，外底部。	扬州市石塔唐代木桥遗址出土，扬州市博物馆藏。
漆圈足器底	唐	足径 9	黑漆	孝四	朱书，外底部。	陕县唐代姚懿墓出土。
漆圈足器底	唐		黑漆	孙敬	朱书，外底部。	陕县唐代姚懿墓出土。
漆圈足器底	唐		黑漆	耳曳元	朱书，外底部。	陕县唐代姚懿墓出土。
漆平底器	唐		黑漆	柳上	朱书，外底部。	陕县唐代姚懿墓出土。
漆圈足盘底	唐		内朱漆，外赭色。	李□	朱书，外底部。	浙江诸暨县唐墓出土，诸暨县文物管理委员会藏。
漆盘	晚唐	口径 18，高 3.2。	内朱漆，外黑漆。	李□	朱书，外底部。	扬州城北乡雷塘村唐墓出土，扬州市博物馆藏。
漆碗	晚唐	口径 20.5，高 7.2。	内朱漆，外黑漆。	魏真上牢	朱书，外底部。	扬州城北乡雷塘村唐墓出土，扬州市博物馆藏。
漆镜盒	五代	每边宽 18	黑漆	魏真上牢，一两。	朱书，盒盖内。	常州五代墓出土，常州市博物馆藏。
银平脱漆镜盒	五代	每边宽 20.8	黑漆	并底盖，柒两。	朱书，盒盖内侧。	常州五代墓出土，常州市博物馆藏。
银平脱漆镜盒	五代	同前器	黑漆	魏真上牢，并满盖，柒两。	朱书，盒面左侧。	常州五代墓出土，常州市博物馆藏。

漆器底	五代		外黑漆，内朱漆。	胡真	朱书，外底。	邗江蔡庄五代墓出土，扬州市博物馆藏。
漆器底	五代	底径10.5	外黑漆，内朱漆。	胡真，盖花，叁两。	朱书，外底。	邗江蔡庄五代墓出土，扬州市博物馆藏。
漆碗	五代—北宋早	口径37.5，高12。	外黑漆，内朱漆。	乙丑邢家上牢	朱书，外壁。	湖北监利出土，荆州博物馆藏。
漆托盘	五代—北宋		托盘沿朱漆，盘内黑漆。	乙丑邢家上牢	朱书，盖沿。	湖北监利出土，荆州博物馆藏。
漆碗	五代—北宋	口径22，高8。	外黑漆，内朱漆。	乙丑邢家上牢	朱书，外壁。	湖北监利出土，荆州博物馆藏。
花瓣式平底小漆盘	北宋	口径11，底径6，高3。	酱红色，底部黑。	已酉杭州吴□上牢	朱书，底部。	淮安一号宋墓，南京博物院藏。
花瓣式平底小漆盘	北宋	口径9，底径6，高2.5。	酱红色，底黑色。	杭州胡	朱书，底部。	淮安一号宋墓，南京博物院藏。
花瓣式平底小漆盘	北宋	口径11，底径6，高3。	酱红色，底黑色。	杭州胡	朱书，底部。	淮安一号宋墓，南京博物院藏。
花瓣式平底小漆盘	北宋	口径9，底径6，高2.5。	酱红色，底黑色。	杭州胡	朱书，底部。	淮安一号宋墓，南京博物院藏。
花瓣式平底小漆盘	北宋	口径9，底径6，高2.5。	酱红色，底黑色。	杭州胡	朱书，底部。	淮安一号宋墓，南京博物院藏。
花瓣式平底小漆盘	北宋	口径9，底径6，高2.5。	酱红色，底黑色。	杭州胡	朱书，底部。	淮安一号宋墓，南京博物院藏。

花瓣式圈底漆盘	北宋	口径 16，高 4。	黑色	壬申杭州真大□□上牢	朱书，盘外壁。	淮安二号宋墓，南京博物院藏。
花瓣式圈底漆盘	北宋	口径 16，底径 9，高 4。	黑色	丁卯温州开元寺东黄上牢	朱书，盘外壁。	淮安二号宋墓，南京博物院藏。
平底漆圆罐	北宋	口径 9，底径 7，高 11。	黑色	壬申杭州北大吴□	朱书，盖里。	淮安二号宋墓，南京博物院藏。
花瓣式漆碗	北宋	口径 12，高 7。	黑色	□行素漆，丙子初，张家自造上牢	朱书，近底部。	淮安三号宋墓，南京博物院藏。
花瓣式漆碗	北宋	口径 15，高 3.5。	黑色	杨中	朱书，底部。	淮安三号宋墓，南京博物院藏。
漆圆盒	北宋	口径 14，高 4。	酱红色，底黑。	戊申温州孔三叔上牢	朱书，底部。	淮安四号宋墓，南京博物院藏。
花瓣式漆盘	北宋	口径 14，高 4。	内酱红色，外黑。	江宁府烧，朱任真上牢。	朱书，盘外壁。	淮安四号宋墓，南京博物院藏。
花瓣式漆盘	北宋	口径 14，高 4。	内酱红色，外黑。	江宁府烧，朱□□上牢，庚子。	朱书，盘外壁。	淮安四号宋墓，南京博物院藏。

漆碗	北宋	口径 10.5，高 4.2。	朱漆外罩黑漆，器内呈赭色。	丙戌邢家上牢	朱书，器壁外侧。	武汉市十里铺宋墓。
漆钵	北宋	口径 17.9，高 5.8。	朱漆外罩黑漆，器内呈赭色。	己丑襄州邢家造，真上牢。	朱书，器壁外侧。	武汉市十里铺宋墓。
漆钵	北宋	口径 12.8，高 6。	朱漆外罩黑漆，器内呈赭色。	戊子襄州驸马巷西谢家上牢	朱书，器壁外侧。	武汉市十里铺宋墓。
漆盒	北宋	口径 10.9，高 5.7。	朱漆外罩黑漆，器内呈赭色。	丁亥邢家上牢	墨书，内底。	武汉市十里铺宋墓。
漆果盘	北宋	口径 12.3，高 3.2。	朱漆外罩黑漆，器内呈赭色。	庆□□	朱书，外底部。	武汉市十里铺宋墓。
十瓣形漆盘	北宋	口径 15.8，高 3.6。	外黑漆，内壁酱红色漆。	癸丑陈伯修置	朱书，外底部。	江苏无锡南门外兴竹村，无锡市博物馆藏。
十瓣形漆盘	北宋	口径 13，高 3。	外黑漆，内壁酱红色漆。	辛亥歙州钟家直上牢	朱书，外底部。	江苏无锡南门外兴竹村，无锡市博物馆藏。
十瓣形漆碗	北宋	口径 15.2，高 10。	外黑漆，内壁酱红色漆。	癸丑陈伯修置	朱书，外底部。	江苏无锡南门外兴竹村，无锡市博物馆藏。
漆罐	北宋	口径 8，高 9.4。	黑漆	癸丑伯忠置	朱书"王"在盖口，"子"在外底，五字。	江苏无锡南门外兴竹村，无锡市博物馆藏。

漆奁	北宋	口径24，高16。	黑漆	壬子伯修置	朱书	江苏无锡南门外兴竹村，无锡市博物馆藏。
漆盘	北宋	口径19.2，高3.5。	内黑漆，外朱漆。	丁亥上□□□记，葛真水漆上牢。	朱书，底部，两侧。	无锡太湖公社黎明大队，无锡市博物馆藏。
六瓣形大漆盆	北宋	口径28，高10.5。	黑漆	庚申苏州北徐上牢	朱书	无锡太湖公社黎明大队，无锡市博物馆藏。
八瓣形大漆盘	北宋	口径36.6，高8.3。	外黑漆，内壁酱红色漆。	庚申北徐上牢	朱书	无锡太湖公社黎明大队，无锡市博物馆藏。
十瓣形漆碗	北宋	口径17.5，高9.5。	外黑漆，内朱漆。	辛亥龙兴寺前东周上牢	朱书	江苏无锡南门外兴竹村出土。
漆盘	北宋	口径33，高8。	外黑漆，内红褐色漆。	□□杭州施真上牢	朱书，外底部。	江阴夏港东园村北宋葛闳夫妇墓，江阴市博物馆藏。
菊花瓣形漆盘	北宋	口径22.5，高3.8。	黑漆	丁未杭州花□巷上□牢	朱书，外底部。	江阴夏港东园村北宋葛闳夫妇墓，江阴市博物馆藏。
菊花瓣形漆盘	北宋	口径18，高3。	黑漆	常州汤穑上牢	刻款填朱，外底部。	江阴要塞宋墓出土，江阴市博物馆藏。
漆盘	北宋	口径33.5，高9.7。	黑漆	癸丑祁上牢	朱书，外腹部。	江阴要塞宋墓出土，江阴市博物馆藏。

菊花瓣形漆盘	北宋	口径 23.5，高 4.5。	外朱漆，内黑漆。	湖州西王上三	朱书，底部。	常州丽华新村宋墓出土，常州市博物馆藏。
花瓣形漆盘	北宋		外黑漆，内朱漆。	乙丑湖州大□上		常州劳动路宋墓出土，常州市博物馆藏。
花瓣形漆盘	北宋	口径 16，高 3.2。	外黑漆，内朱漆。	杭州胡上牢	朱书，外部。	常州市国棉二厂宋墓出土，常州市博物馆藏。
花瓣形漆盘	北宋	口径 14.6，高 2.8。	外黑漆，内朱漆。	庚子杭州井亭桥沈上牢	朱书，外底部。	常州市国棉二厂宋墓出土，常州市博物馆藏。
大漆钵残片	北宋		黑漆	甲戌杭州真大施十五郎	朱书，器壁外。	常州市勤业桥宋墓出土，常州市博物馆藏。
漆碗残片	北宋		外黑漆，内朱漆。	乙丑杭州真大	朱书，碗壁。	常州市勤业桥宋墓出土，常州市博物馆藏。
花瓣形漆碗	北宋	口径 16.2，高 9.2。	外黑漆，内朱漆。	丁丑温州汪明造	朱书，碗外壁。	常州市国棉二厂宋墓出土，常州市博物馆藏。
花瓣形漆碗	北宋	口径 15.6，高 9.5。	外黑漆，内朱漆。	广陵记毗陵果子行周谢家上牢，乙丑。	朱书，圈足内碗外壁。	常州市红梅新村宋墓出土，常州市博物馆藏。
花瓣形漆盘	北宋	口径 16，高 3.5。	外黑漆，内朱漆。	乙亥温州汪明造	朱书，外壁近底部。	常州市红梅新村宋墓出土，常州市博物馆藏。

花瓣形漆盘	北宋	口径 16，高 3.5。	外黑漆，内朱漆。	壬申温州汪明造	朱书，外壁近底部。	常州市红梅新村宋墓出土，常州市博物馆藏。
漆托	北宋	口径 25，高 6。	外朱漆，盖里、内底黑漆。	苏州真大黄二郎上辛卯。	朱书，底部。	常州北环新村宋墓出土，常州市博物馆藏。
圆形镜盒	北宋	口径 13.2，高 4.4。	黑漆	乙卯杭州真大施一五郎上牢	朱书，盖面上。	武进剀湖宋墓出土，武进市博物馆藏。
漆托	北宋	口径 8，高 5.6。	黑漆	癸丑苏州传法寺后真吴上牢	朱书，在托沿外侧。	常熟张桥宋墓出土，常熟市博物馆藏。
漆奁套盘	北宋	口径 16.8	外朱漆，盘内黑漆底。	丁亥苏州张上牢	朱书，盘底上。	常熟张桥宋墓出土，常熟市博物馆藏。
漆盘	北宋	口径 25，高 9.5。	黑漆	苏州张	朱书	常熟张桥宋墓出土，常熟市博物馆藏。
花瓣式漆盘	北宋	口径 9，高 2.5。	酱红色，外黑色。	杭州胡	朱书，底外部。	淮安四号宋墓出土，南京博物院藏。
花瓣式漆盘	北宋	口径 11，高 3。	酱红色，外黑色。	己丑温州孔九叔上牢	朱书，底外部。	淮安四号宋墓出土，南京博物院藏。
漆碗	北宋	口径 15.5，高 5。	黑漆	辛卯湖州苏上	朱书，外壁。	常州国棉二厂宋墓出土，常州市博物馆藏。
漆碗	北宋	口径 18.8，高 6.8。	黑漆	辛卯湖州	朱书，外壁。	常州国棉二厂宋墓出土，常州市博物馆藏。

荷花式漆碗	北宋			杭州元本胡上牢		
花瓣式漆碗残底	北宋		黑漆	库	朱书，底外部。	淮安四号宋墓出土，南京博物院藏。
花瓣式漆碗残底	北宋		黑漆	香	朱书，底外部。	淮安四号宋墓出土，南京博物院藏。
花瓣式漆盒	北宋		黑漆	朝玉	朱书，底部。	江阴宋墓出土，中国历史博物馆藏。
荷花式漆碗	北宋	口径15.8，高10。	外壁黑漆，内壁漆色褐红。	万寿常住戊戊	朱书，外壁分书在花瓣中部。	常州纱厂宋墓出土，常州市博物馆藏。
荷花式漆碗	北宋	口径15.8，高9.2。	外壁黑漆，内壁漆色褐红。	三	朱书，底部。	常熟庄南村顾山宋墓出土，常熟市博物馆藏。
荷花式残漆碗	北宋		外壁黑漆，内壁漆色褐红。	五	朱书，底部。	常熟庄南村顾山宋墓出土，常熟市博物馆藏。
花瓣式漆碗	北宋	口径15，高8.4。	外壁黑漆，内壁漆色褐红。	张	朱书，底部。	常熟梅李宋墓出土，常熟市博物馆藏。
花瓣式漆盘	北宋	口径15，高2.7。	外壁黑漆，内壁漆色褐红。	张	朱书，底部。	常熟梅李宋墓出土，常熟市博物馆藏。
花瓣式残漆碗	北宋	口径16.5，残高7.8。	外壁黑漆，内壁漆色褐红。	八□	朱书，底部。	常州红卫公社前卫大队三号宋墓出土，常州市博物馆藏。
漆器盖	北宋	口径14。	黑漆	济	朱书，盖里。	常州村前庄桥头宋墓出土，常州市博物馆藏。
漆碗	辽	口径6.3，高3.4。	黑漆	官孝	墨书，底部。	法库页茂台辽墓出土，辽宁省博物馆藏。

漆碗	辽	口径 10，高 4.9。	黑漆	孝		法库页茂台辽墓出土，辽宁省博物馆藏。
漆钵	辽	口径 44.5，高 10。	黑漆	庚午岁李上牢	朱书，底部。	法库页茂台辽墓出土，辽宁省博物馆藏。
漆钵	辽		黑漆	□癸亥□家自造上牢	朱书，底部。	法库页茂台辽墓出土，辽宁省博物馆藏。
漆钵	辽		黑漆	丁丑翟杨家自造上牢	朱书，底部。	法库页茂台辽墓出土，辽宁省博物馆藏。
漆残奁	辽			□□成上牢	朱书，镜盘内。	法库页茂台辽墓出土，辽宁省博物馆藏。
漆钵	辽	口径 16.2，高 4.8。	黑漆	杨家自造上牢	朱书，外壁。	法库页茂台辽墓出土，辽宁省博物馆藏。
漆唾盂	南宋	盂边沿径21.3，高 12。	黑漆	庚子温州念□叔上牢	朱书，外底部。	杭州市北大桥宋墓出土，浙江省博物馆藏。
漆托盏	南宋	盘径 18.2，高 6.2。	黑漆	丁卯温州□云坊成十二叔上牢	朱书，托盏内。	杭州市北大桥宋墓出土，浙江省博物馆藏。
漆碗	南宋	口径 17.5－18.2，高 6.2－6.8。	黑漆	壬午临安府符家真实上牢	朱书，外腹部。	杭州老和山宋墓出土，浙江省博物馆藏，中国历史博物馆藏。
漆盘	南宋	口径 14，高 2.4。	黑漆	壬午临安府符家真实上牢	朱书	杭州老和山宋墓出土，南京博物院藏。

漆盒	南宋	口径 13，高 7.4。	黑漆	辛丑四明周六郎造	朱书	无锡梅村宋墓出土，无锡市博物馆藏。
戗金细钩填漆长方盒	南宋	长 15.4，宽 8.3，高 11。	黑漆底填朱，戗金。	丁酉温州五马锤念二郎上牢	朱书，盒盖内。	武进村前南宋墓出土，常州市博物馆藏。
戗金长方盒	南宋	长 15.3，宽 8.1，高 10.7。	朱漆戗金	庚申温州丁字桥巷廊七叔上牢	朱书，盒盖内。	武进村前南宋墓出土，常州市博物馆藏。
戗金漆奁	南宋	口径 19.2，高 20.3。	朱漆戗金	温州新河金念五郎上牢	朱书，盖内。	武进村前南宋墓出土，常州市博物馆藏。
漆奁	南宋	口径 24，高 17.2。	黑漆	湖州蔡上三□	朱书，盖内。	江阴滨江开发区宋墓出土，江阴市博物馆藏。
漆盘	元	口径 36.3，高 5.9。	表里朱漆，底黑漆。	中行"内府官物"，右行"泰定元年三月漆匠作头徐祥天"，左行"武昌路提调官同知外家奴朝散"。	朱书，外底部。	北京延庆县清泉铺罗家台窖藏出土。

漆盘	元	口径22.5,高4。	表里朱漆,底均朱漆。	内府官物	墨书,外底部。	内蒙古乌兰察布盟察哈尔右翼前旗巴塔拉土城子出土,内蒙古自治区博物馆藏。
漆碗	元	口径11.6,高3。	内朱漆,外壁及圈足底罩黑漆。	己丑妾家上牢	朱书,外底部。	内蒙古乌兰察布盟察哈尔右翼前旗巴音塔元代集宁路故城出土。
漆碗	元	口径16.5,高8.2。	朱漆,口沿和圈足内黑漆。	(陈)	朱书,外底部。	江苏武进卜弋乡元墓出土,常州市博物馆藏。
漆碗	元	口径19.6,高8.7。	朱漆,口沿和圈足内黑漆。	(陈)	朱书,外底部。	江苏武进卜弋乡元墓出土,常州市博物馆藏。
漆盒	南宋—元代	口径12.4,高4.9。	黑漆	乙亥灵隐山钟家上牢	针刻	武进礼河乡元墓出土,常州市博物馆藏。

2．元代漆器的品种和特点

据文献记载,元代的漆器品种有十一种之多,但从目前考古发掘和传世品看到的元代漆器却主要有四个品种,即一色漆器、螺钿漆器、戗金漆器和雕漆。其中的雕漆已发展到登峰造极的地步,较之宋代有了巨大的变化。浙江嘉兴的张成、杨茂是元代最著名的雕漆能手。他们的作品已成为稀世之宝。元代的螺钿漆器虽发现不多,但其高超的制作工艺已由镶嵌厚螺钿发展到镶嵌五光十色的薄螺钿,更富于装饰意趣。

（1）一色漆器。元代的一色漆器与宋代相比,出土数量很少。目前仅知有四个地区出土有一色漆器,即上海青浦县任氏墓出土的漆奁、瓶、盒;无锡市元墓中出土的葵瓣形奁、圆盒、盆、桶等；江苏武进卜戈公社元墓出土有碗、浅盘、扁盒等，值得一提的是该墓中出土的红漆碗、褐色漆碗底部均有巴思八文[33]；北京延庆县清泉铺公社发现的朱漆光素盘等。

元代一色漆器的颜色有黑色、红色、珊瑚红色、褐色等。器形基本上与宋代漆器相同，只是宋代广为流行的花瓣形盘、碗到元代则基本不见了，代之以圆盘、圆碗。元代的一色漆器漆质光亮，器形端庄，风格质朴。

（2）螺钿漆器。镶嵌在漆器上的螺钿有厚与薄之分，因而有"厚螺钿"与"薄螺钿"之称，由此形成了螺钿漆器的两大系列。"厚螺钿"又称"硬螺钿"，"薄螺钿"又称"软螺钿"。从现有的实物观察并参照文献记载看，元代以前的器物以镶嵌厚螺钿为主，从元代开始，厚、薄螺钿兼而有之。北京元大都后英房遗址中出土的嵌螺钿广寒宫残片，是国内目前所知惟一的元代嵌螺钿漆器。

明洪武二十一年（公元 1388 年），曹昭在所著《格古要论》中称"螺钿器皿出江西吉安府庐陵县。元朝时富家不限年月做造，漆坚而人物细妙可爱。洪武初抄没苏人沈万三家条凳、椅桌，螺钿、剔红最妙，六科各衙门犹有存者"。日籍华人李汝宽著录的《中国的漆工艺》一书中收录了一件元代黑漆嵌螺钿人物故事委角方盒，在盒面左侧的柱子上有"庐陵胡肇钢铁笔"字样。此为目前所知惟一的江西吉安庐陵制作的螺钿漆器。日本东京国立博物馆研究中国漆器的专家西冈康宏著录的《中国的螺钿》一书，共收入了薄螺钿漆器一百一十件，定为元代的有二十三件，其中有一件黑漆嵌螺钿海水龙纹莲瓣式盘堪称代表作。盘内的龙纹系用细小的贝壳片嵌成，与广寒宫漆器残片风格相近，工艺复杂，令人赞叹[34]。由此可以看出，元代制作的螺钿漆器最突出的特征为所嵌螺钿均由细小的壳片组成，并具有五光十色的装饰效果。

(3) 戗金漆器。《格古要论》中称元代"戗金器皿漆坚戗得好者为上。元朝初嘉兴府西塘有彭君宝者，甚得名，戗山水、人物、亭观、花木、鸟兽种种臻妙"。陶宗仪著录的《辍耕录》中对戗金漆器的制作方法、装饰图案、制作地点作了详细地描述："嘉兴斜塘杨汇槑工戗金戗银法，凡器用什物，先用黑漆为地，以针刻画，或山水树石，或花竹翎毛，或亭台屋宇，或人物故事，一一完整。"遗憾的是国内目前尚未见到出土的或传世的元代戗金漆器的实物，而在日本却保存有数件元代珍贵的戗金漆器作品。例如，日本兵库山本清雄收藏的戗金人物花鸟纹经箱，高 28.8 厘米，长 40 厘米，宽 20.6 厘米。经箱为长方形，盖顶饰凤凰，两侧面饰孔雀对舞，前面为长尾鸟，背面为人物。它与另一件流传在日本的元延祐二年（公元 1315 年）的戗金鹦鹉纹经箱如出一人之手，都是标准的元代戗金漆器。1977 年，在日本东京国立博物馆举办的"东方的漆工艺"展览中，展出了十件元代戗金漆器。其中"延祐年款"的有四件，款识中注明了漆器的制作时间、地点和制作者姓氏，如"延祐二年栋梁神正杭州油局桥金家造"。

(4) 雕漆。唐代已有雕漆，元代雕漆却有居上之势，取得了令世人瞩目的成就，并形成了名家辈出的局面。今天人们见到的元代雕漆既有出土的，也有传世的。国内收藏的元代雕漆数量极其有限，还有一部分元代雕漆流失海外。

雕漆依据其所雕漆色的不同，分为剔红、剔黑、剔黄、剔绿、剔犀等若干品种。元代雕漆中只有剔红、剔黑、剔犀三个品种，其中又以剔红最多。元代雕漆的器形有圆盒、长方盒、圆盘、八方形盘、葵瓣盘、尊等，以盘、盒为多。其装饰图案有花卉、山水、人物、花鸟等。

以花卉为主题的作品，一般不刻锦纹地，而是以黄色素漆为地，在其上直接雕刻红漆或黑漆花卉。一般是在盘内正中雕刻一朵硕大的花，四周点缀小朵花及含苞待放的花蕾，主次分明，层次清晰，写实花卉与图案型花卉兼而有之。元代雕漆中喜用的花卉有牡丹、山茶、芙蓉、秋葵、梅花、桃花、栀子花和菊花。这八种花卉中既有单独表现的，如剔红栀子花盘；也有几种花卉施于一器之上的，如剔红花卉纹尊。

以山水、人物为主题的作品，一般刻有三种不同形式的锦纹，用以表现自然界中不同的空间。天空以窄而细长的单线刻画，类似并联的回文，犹如辽阔的天空点缀着朵朵白云；水面以流畅弯曲的线条组成，似流动不息的滚滚波涛；陆地由方格或斜方格作轮廓，格内刻八瓣形小花朵，似繁花遍地。这三种锦纹又简称为天锦、水锦、地锦。在不同的空间背景下，刻画出树木、殿阁、人物。例如，东篱采菊、曳杖观瀑、闲情赏花、莲塘观景等，用以表现超凡脱俗的文人士大夫形象。

以花鸟题材为主题的作品，用黄色素漆为地，不刻锦纹，在盘内或盖面雕刻各种花卉。花丛之中双鸟或振翅欲飞，或对舞嬉戏，用以象征人间情侣成双成对。例如，绶带牡丹、绶带山茶、鹭鸶芙蓉、双鹤菊花等。上海青浦县元墓中出土的剔红东篱采菊图圆盒，堪称已出土的元代雕漆的代表作。

元代的剔犀作品极少。国内只有安徽省博物馆收藏的张成造剔犀云纹盒及北京故宫博物院收藏的剔犀云纹圆盘。流失到海外的剔犀作品还有一部分。元代剔犀作品具有粗犷豪放的风格，纹饰简单质朴而刚劲有力。

3．元代制漆名家及其作品

元代的漆器制作，官方和民间并存。官办作坊主要是油漆局，限于资料的缺乏，目前还很难说清油漆局制作漆器的状况。江南一带是元代漆器的制作中心，在浙江嘉兴、江西庐陵，涌现出张成、杨茂、张敏德、彭君宝等一批髹漆能手。他们成为元代制漆最为杰出的代表人物。福州、苏州、杭州也制作漆器。

（1）张成。张成是浙江嘉兴西塘杨汇（今浙江省嘉善县境内）人，生卒年月不详。据《嘉兴府志》载"张成、杨茂，嘉兴府西塘杨汇人，剔红最得名"。明代王佐增补《格古要论》卷八也有"元朝嘉兴府西塘杨汇有张成、杨茂剔红最得名"的记载。由此可见，张成、杨茂均擅长剔红，实际上他们不仅剔红，也制作其他漆器品种，如剔犀、剔黑。张成的作品以髹漆肥厚、雕刻精细、磨工圆润而著称，其题材有山水、人物、花鸟等。雕漆作为一家一业的手工作坊的产品，制作起来费工费时，数量不可能很多，所以能够流传至今的张成作品则寥若晨星。尽管如此，人们通过仅存的几件漆器也能管窥张成作品的风格及元代雕漆的技艺。张成的漆器作品在国内仅存三件。一件是安徽省博物馆珍藏的剔犀云纹盒，一件是中国历史博物馆珍藏的剔红曳杖观瀑图盒，另一件是北京故宫博物院珍藏的剔红栀子花盘。

剔犀云纹盒，高 6.5 厘米，口径 14.5 厘米。圆形，平顶，直壁，平底。通体髹黑漆，盖面及器壁均雕如意形云纹三组，盒底黑漆，内缘左侧针划"张成造"三字款。此盒髹漆肥厚，漆色黝黑光亮，刀口断层处露出有规律地朱漆三层，雕刻深峻，器物表面光滑莹润，线条委婉流畅，风格浑厚质朴，令人叹为观止。另外，在北京故宫博物院收藏有一件剔犀云纹盘，盘内雕云纹五组，堆漆肥厚，刀法犀利，与"张成造"剔犀盒如出一人之手，只可惜此盘底在清乾隆时修理后被刻上"乾隆年制"楷书款，掩盖了原来可能有的款识。

剔红栀子花盘，高 2.8 厘米，口径 17.8 厘米。盘内黄漆素地之上雕朱漆，正面满雕一朵盛开的栀子花，旁有含苞微绽的花蕾及舒卷自如的枝叶，盘背面折边处雕红漆卷云纹，足内髹褐色漆，足内缘左侧针划"张成造"三字款。这件漆盘是张成雕刻花卉的代表作，图案布局虽显夸张，却突出了栀子花这一主题，花朵硕大，肥腴饱满，枝繁叶茂。作者用不同的刀法表现出枝叶的正背，真实而自然。此盘髹漆肥厚，雕刻精湛，磨制圆润，漆色鲜亮纯正，虽历经几百年的风雨沧桑，仍然光彩夺目。

剔红曳杖观瀑图盒，高 4.4 厘米，口径 10.3 厘米。圆形，平顶，直壁，平底。盖面雕刻三种锦纹，即天锦、水锦、地锦。锦纹之上左雕梧桐树，右雕太湖石，瀑布从石缝中飞流而下，一身着长袍、右手曳杖的老翁凭栏欣赏着对面飞流直下的瀑布，其身后有两位童子相随而立。盒底髹赭黑色漆，左侧边缘针划"张成造"三字款，笔力遒劲，细若毫发。此盒为张成山水人物作品的代表作。张成的作品在海外还有若干件，如日本私人收藏的"张成造"剔红芙蓉鹭鸶盒，在香港拍卖市场所见的"张成造"剔红秋葵纹盒等。

（2）杨茂。杨茂与张成齐名，又同为乡里，两人均为元代雕漆名家。杨茂的生卒年月不详，各种史书均无明确记载。杨茂的传世作品在国内只有三件，即北京故宫博物院珍藏的剔红花卉纹尊和剔红观瀑图八方盘以及北京艺术博物馆珍藏的剔红梅花纹盘。杨茂传世作品中只有剔红这一品种。

剔红花卉纹尊，高 9.4 厘米，口径 12.8 厘米，足径 8.8 厘米。撇口，短颈，鼓腹，矮圈足。该尊口内外均髹朱漆，颈部有弦纹一周，将颈与腹分开，通体黄漆素地上雕朱漆花纹。口内雕桃花，颈部雕菊花、栀子花和百合花等，腹部雕茶花、牡丹、桃花、百合等。足内髹褐色漆，内缘左侧针划"杨茂造"三字款。此尊造型敦实，线条柔和，集四季花卉于一器之上，似百花争艳。全尊漆色似枣红，髹漆较之张成的作品稍薄，花纹疏密有致，雕刻技艺娴熟，花叶边缘之处磨制精美。

剔红观瀑图八方盘，高 2.7 厘米，盘径 17.8 厘米。此盘为八方形，随形置矮圈足。盘内外髹朱漆。盘内八方形开光，曲栏内设亭阁一座，亭前树石相依，古松斜插，高过屋脊，枝杈纵横。庭院内一位高髻、长髯、身着曳地长袍的老翁立于栏杆前，欣赏着对面石缝中涌出的潺潺流水。水落地后溅起的朵朵浪花，给这寂静的场景增添了几分动感。童子立于老翁身后，亭内另一侍童欲端茶至院中。图案下面雕刻天、地、水三种不同的锦纹。盘内外壁为黄漆素地雕刻俯仰花卉，有茶花、栀子花、牡丹、蔷薇。盘底髹黑漆，正上方有后来所刻戗金"大明宣德年制"楷书款，左侧隐约有"杨茂造"三字针划款。此盘造型规矩，漆质红润鲜亮，雕刻一丝不苟。其中房屋、门窗横平竖直，井然有序，人物洒脱、飘逸、脱俗，花草的叶脉纹理清晰逼真，宛如一幅立体画卷。

剔红梅花纹盘，高 2.8 厘米，口径 16.3 厘米，足径 12.2 厘米。此盘为圆形，盘内六瓣形开光，其内雕天锦地，锦纹之上雕梅花一枝。盘内壁雕栀子花、茶花、菊花、桃花、牡丹等，盘外壁雕卷云纹。盘底髹黑漆，左侧有后来所刻戗金"大明宣德年制"

楷书款，右侧隐约可见"杨茂造"三字针划款，笔道极细，需在适当的角度及光线下才能看清。此盘的布局与张成所雕栀子花盘不同，而是以锦纹作衬，雕刻刀法犀利，藏锋清楚。

（3）张敏德。张敏德是元代末年的雕漆能手。其生平事迹待考，很可能是张成的后代。他惟一的传世之作是北京故宫博物院珍藏的剔红赏花图盒。该盒高 7.5 厘米，口径 20.4 厘米。平顶，直壁，平底，通体髹红漆。盒面雕刻二老者在院中赏花的图景，其中一老者手指花卉，一老者双手相抱而立，殿阁内二童仆在备茶。盒的直壁黄漆素地上雕桃花、栀子花、牡丹、茶花等。盖内一侧针划"张敏德造"款。此盒雕刻十分精细，窗棂栏杆刻画细腻，一丝不苟，构图完美，形象逼真，堪称一幅精美的浮雕画卷。

（4）彭君宝。彭君宝与张成、杨茂为同乡，亦是嘉兴府西塘人。据明代《格古要论》卷八所载："元朝初嘉兴府西塘有彭君宝者，甚得名，戗山水、人物、亭观、花木、鸟兽种种臻妙。"作者极力推崇彭氏的戗金作品，只可惜流传至今的元代戗金漆器中无一件确切的彭君宝作品。日籍华人李汝宽著《中国的漆工艺》一书中收录有一件元代剔犀剑环纹盘，红漆面，口径 32.5 厘米，器物表面满雕如意云头纹，在有光泽的黑漆底上有一个"宝"字。作者推测该盘是彭君宝的作品，还认为彭君宝生活在宋代后期到元代早期。

注　释

［1］陈晶《中国漆器全集》第四卷，福建美术出版社 1998 年版。

［2］蒋缵初《谈杭州老和山宋墓出土的漆器》，《文物参考资料》1957 年第 7 期。

［3］罗宗真《淮安宋墓出土的漆器》，《文物》1963 年第 5 期。

［4］湖北省文化局文物工作队《武汉市十里铺北宋墓出土漆器等文物》，《文物》1966 年第 5 期。

［5］浙江省博物馆《浙江瑞安北宋慧光塔出土文物》，《文物》1973 年第 1 期。

［6］福建省博物馆《福州市北郊南宋墓清理简报》，《文物》1977 年第 7 期。

［7］镇江市博物馆《江苏金坛南宋周瑀墓发掘简报》，《文物》1977 年第 7 期。

［8］沙洲县文化馆包文灿《江苏沙洲出土包银竹胎漆碗》，《文物》1981 年第 8 期。

［9］无锡市博物馆《无锡市郊北宋墓》，《文物》1982 年第 4 期。

［10］陈晶《记江苏武进新出土的南宋珍贵漆器》，《文物》1979 年第 3 期。

［11］陈晶《常州北环新村宋墓出土的漆器》，《考古》1984 年第 8 期。

［12］浙江省文物考古研究所《杭州北大桥宋墓》，《文物》1988 年第 11 期。

［13］四川文管会《南宋虞公著夫妇合葬墓》，《考古学报》1985 年第 3 期。

［14］无锡市博物馆《江苏无锡兴竹宋墓》，《文物》1990 年第 3 期。

［15］同注［1］。

［16］王世襄《髹饰录解说》，文物出版社 1983 年版。

［17］陈忠等《江阴夏港宋墓清理简报》，《无锡文博》1992 年第 3 期。

［18］同注［1］。

［19］同注［1］。

［20］转引自王世襄《中国美术全集·漆器》，文物出版社 1989 年版。

［21］同注［20］。

［22］张荣《漆器形制与装饰鉴赏》，中国致公出版社 1994 年版。

［23］此表为原常州博物馆馆长陈晶提供。

［24］辽宁省博物馆发掘小组、辽宁铁岭地区文物组《法库叶茂台辽墓记略》，《文物》1975 年第 12 期。

［25］中央工艺美术学院陈增弼、大同市博物馆张利华《介绍大同金代剔犀奁兼谈宋金剔犀工艺》，《文物》1985 年第 12 期。

［26］上海博物馆沈令昕、许勇祥《上海市青浦县元代任氏墓葬记述》，《文物》1982 年第 7 期。

［27］无锡市博物馆《江苏无锡市元墓出土一批文物》，《文物》1964 年第 11 期。

［28］甘肃省博物馆、漳县文化馆《甘肃漳县元代汪世显家族墓葬》，《文物》1982 年第 2 期。

［29］《无产阶级文化大革命期间出土文物展览简介》，《文物》1972 年第 1 期。

［30］海宁县博物馆《浙江海宁元代贾椿墓》，《文物》1982 年第 2 期。

［31］高桂云《元代"内府官物"漆盘》，《文物》1985 年第 4 期。

［32］同注［23］。

［33］常州市博物馆等《江苏武进县元墓出土巴思八文漆器》，《文物资料丛刊》第 2 期。

［34］（日）西冈康宏《中国的螺钿》，东京国立博物馆 1991 年版。

八

明清漆器

（一）明代漆器的考古发现

明代对手工艺人给予较多的人身自由，使漆器制作有了飞跃发展。明朝皇帝十分重视漆器的生产与制作，建立了相关的内府衙门，其中与漆器制作有关的衙门有御前作、内官监和御用监[1]。现存的明代漆器中，考古发现并不多，更多的是传世品。

1. 山东邹县

1970 年春至 1971 年初，在山东邹县发掘了明鲁荒王朱檀墓出土了戗金漆箱、戗金漆盒、剔黄笔管、戗金夹苎墩式罐、沥粉贴金匣等漆器[2]。

朱漆戗金盝顶箱一件。高 61.5 厘米，宽 58.5 厘米，木胎厚 1 厘米。箱分三层，中有套斗，下有抽屉，分置冕、弁、袍、靴等。有铁质镶金活页、扣吊，前后两面各有四个提手。箱外壁髹朱漆，四壁及顶上饰戗金团花云龙纹，边饰忍冬纹。

朱漆戗金云龙纹长方形漆盒两件（图四六），长 36 厘米，宽 11 厘米，高 7.2 厘米，专用于盛放玉圭。木胎，外壁髹朱漆，饰戗金云纹。其花纹制作与漆箱相同。

朱漆案一件。高 90 厘米，宽 63 厘米，长 111 厘米。通体朱漆，四象鼻腿，案前后面有龙门洞，两侧双撑，腿下连方框托泥。

图四六　山东明代朱檀墓朱漆戗金云龙纹长方形盒

　　剔黄笔管一件。长 21 厘米，直径 1.4 厘米。笔帽长 9.7
厘米，直径 1.6 厘米。笔杆与笔帽通体髹黄漆，雕刻卷云图
案。笔杆两端饰有回文泥金环带。笔杆与笔帽的圆顶雕六瓣旋
花，笔帽口沿刻线纹。此件漆器实际是剔黄与泥金两种工艺的
相结合。

　　戗金夹苎墩式罐两件。高 10.5 厘米，腹径 10.5 厘米，盖
径上顶 9.4 厘米，下沿 9.5 厘米。夹苎胎，内外髹黑漆，器表
饰戗金几何纹。罐内盛放有黑白玻璃围棋子。

　　沥粉贴金盝顶匣一件。高 27.4 厘米，长 22.8 厘米，宽
22.8 厘米，顶长 16 厘米，宽 16 厘米。匣内盛放"鲁王之
宝"木印，似是专用于随葬的象征品。木胎，浅黄色漆地上饰
过云龙墨样，再以"沥粉"技艺作隐起浑圆线条，打金胶并贴
金。

2.江苏江阴

1972年3月，在江苏省江阴县长泾乡发现一座明代墓葬，出土了几件明代漆器[3]。

戗金人物花卉纹菱花式漆盒 一对（图四七）。高8.4厘米，盒面直径8.4厘米，腹径12厘米，底径9厘米。盒为菱花形，盖与盒身大致对称，上下扣合。木胎，髹漆，从盖口破损处可以看到是用麻布包口。漆灰较厚，为黑漆地戗金。盖面戗刻人物庭院小景。一件戗刻庭园中置一书案，案上摊放书卷，女主人坐案旁，饰高发髻，着交领衣，坐高背椅，手执毛笔。案前左右站立两侍女，穿短上衣，长裙曳地，手捧文房用具。园中植芭蕉，花卉盛开。盒盖肩部及盒身腰以下花棱间刻缠枝牡丹花卉，盒盖合口处腰周戗刻海波涡纹图案。另一件盖面戗刻类似的一幅庭院人物小景，园中设置大致相同。不同的

图四七　江苏江阴明代黑漆戗金人物花卉纹菱花式盒

是书案上置棋盘，女主人手拿一扇，正准备下棋。两侍女左右侍立，一女捧棋盒，一女捧果盘。盒盖肩部及腰下戗刻缠枝牡丹花卉，腰间戗刻海波涡纹图案。这对菱花盒底部刻"乙酉年工夫造"六字款识。

银胎竹丝编漆碗两件。敞口，圈足，银胎。外以细竹丝编成，竹丝外施黑漆。漆已剥落，底部尚存。高 6.9 厘米，口径 17.4 厘米，足高 0.9 厘米，底径 6.3 厘米。

据墓志记载，墓主夏彝卒于明正德八年癸酉（公元 1513 年）九月初五。该墓出土的漆盒为"乙酉"年制。明正德八年以前的乙酉年为明成化元年（公元 1465 年）和明永乐三年（公元 1405 年）。

（二）明代漆器的风格与特点

明代漆器的制作有别于宋元两个朝代。宋元时期，文献记载有官办作坊制作漆器，但从实物中却难以看到，反而民间小规模作坊所制漆器流传下来的却甚多。明代漆器的制作则发生了根本性的变化，官办漆器作坊占据统治地位，民间制漆业仍存在，但规模较小。据清初高士奇《金鳌退食笔记》记载，明初制作漆器的官办作坊为果园厂。高氏在此书中说："果园厂，在棂星门之西。明永乐年制漆器，以金银锡木为胎，有剔红、填漆二种，所制盘盒、文具不一。剔红盒有蔗段、蒸饼、河西、三撞、两撞等式。蔗段人物为上，蒸饼花草为次。盘有圆、方、八角、绦环、四角、牡丹瓣式。盒有长、方、二撞、三撞四式。其法朱漆三十六次，镂以细锦，底漆黑光，针刻'大明永乐年制'，比元时张成、杨茂剑环香草之式，似为过之。"北京果园厂的建立，不仅使制漆中心由南方转移到北方，同时，也从南方征调了一批能工巧匠充实果园厂的力量，以满足皇家对漆器的大量需求。据《嘉兴县志》记载："张德刚，父成，与同里杨茂俱善髹漆。剔红器，永乐中日本琉球购得，以献于朝。成祖闻而召之，时成已殁。德刚能继父业，随召至京，面试称旨，即授营缮所副。"这种情况表明，元代髹漆大师张成之子德刚继承父业，并为明皇室效力，成为果园厂的管理人员。大批南匠北调，一方面充实了果园厂的力量，另一方面也把他们高超的髹漆技艺带入北京，对果园厂的漆器生产及漆器风格产生了重大的影响。皇家官办作坊把全国各地的能工巧匠集中在一起，为皇室服务，其作品无疑是当时最高水平的体现。

明代漆器的品种，在宋元漆器发展的基础上得到了突飞猛进的发展。《髹饰录》将漆器分为十四大类、一百零一个品种。明代漆器最为发达的、制作量最多的是雕漆，其次是戗金彩漆、戗金漆、描金漆、填漆、螺钿漆、百宝嵌、款彩漆等。

1. 明早期漆器

（1）明洪武时期。明早期漆器指的是洪武、永乐、宣德三朝制作的漆器。虽然人们至今没有见到有确切"洪武"年号的漆器，但朱元璋在位三十年，肯定制作过为数不少的漆器。山东邹县朱檀墓出土的漆器反映了明初漆器制作的水平。朱檀是朱元璋之子，这批漆器极有可能是皇家御用监所造。

明初的漆器至少有戗金漆和雕漆两类。《明太宗实录》卷二十四中记载永乐元年颁赐日本国王妃的礼物中，就有雕漆盒、盘、花瓶、果碟等。其装饰图案中主体纹饰有人物故事、宝相花、太平雀栀子花、太平雀葵花、苍头石榴花、牡丹花、石榴花、山鸡葵花、鹦鹉长寿花、山雀茶花、竹梅，边饰有香草、四季花、回纹等。这是一份极为珍贵的史料。明永乐元年颁赐日本国的雕漆器，绝大部分应是洪武时期的制品。从其记载中可以清楚地得知这批漆器的造型、用途、尺寸、装饰题材。同时说明，明初的统治者比较喜欢雕漆，除了大量制作来满足宫廷需要，还把它们当作贵重礼品赠送国外。此外，明永乐四年（公元 1407 年）赐日本国王源道义剔红漆器九十五件，明永乐五年（公元 1408 年）赐日本国王源道义剔红尺盘二十个、剔红香盒三十个[4]。这两次赠送的雕漆中不排除有明洪武漆器。尽管目前尚无法从传世的明永乐漆器中将明洪武制造的漆器分辨出来，但从上述史料中记录的漆器特征看，明洪武雕漆在图案、造型方面继承了元代雕漆的风格，正处于继承和形成自己独立风格的过渡时期。

漆器研究专家、日籍华人李经泽从他本人收藏的中国漆器中分辨出三件明洪武时期的雕漆，即剔红四季花卉圆盒、剔红人物故事菱花瓣式盘、剔红骑马访友图方盘。这为人们进一步搞清明初洪武漆器的特征提供了值得借鉴、参考的实物。

（2）明永乐时期。明成祖永乐年间（公元 1403－1424年），经济呈现出欣欣向荣的景象，漆器工艺得到了迅速发展，出现了明代漆器制作的第一次高峰。明永乐十九年迁都北京，皇宫的御用监在原南京制作漆器的基础上，又在北京皇城内的果园厂建立了御用漆器作坊。

刘若遇《明宫史》记载："棂星门迤西，曰西酒房，曰西花房……又西曰洗帛厂，曰果园厂……"北京果园厂的建立，不仅使制漆中心由南方向北方转移，同时也从南方征调了一批制漆能手，充实果园厂的力量，以满足皇家对漆器的大量需求。南京制作漆器的地方在何处，由于缺乏资料，目前尚不清楚。现存明永乐漆器以传世品为主，其中以剔红居多，也有少量的戗金漆和戗金彩漆，如红漆戗金八宝纹经板等。

传世的明永乐雕漆以盘、盒为主，兼有盖碗、盏托、尊、小瓶、踏凳等，器形变化较少。明永乐漆盘一种是圆形盘，浅式，圈足，盘表面为一整体，没有盘心与盘边之别，所装饰图案给人以整体感，这种造型的盘以装饰花卉为主；另一种盘的造型为盘边呈葵瓣状或菱花状，八瓣、十瓣不等，盘内与盘边装饰的内容不同，盘内以山水人物为主，盘边雕刻各种花卉。盒的造型亦有两种，一种为平顶、直壁，平底微内凹，这种造型就是《金鳌退食笔记》中所称的"蔗段式"；另一种盒的形状为盖略隆起，器斜壁内收，底略内凹，称为"蒸饼式"。"蔗段式"的盒以装饰花卉、人物故事为主，而"蒸饼式"的盒，一般器形较小，以装饰花卉为主。

明永乐雕漆装饰图案以花卉、山水、人物为主，图案的处理具有一定的规范化。以花卉为主题的作品，一般雕刻在圆盘、蔗段式盒、蒸饼式盒上。其图案的处理手法为在盘内或盒面布满盛开的大朵花卉，四周枝繁叶茂，或衬托着含苞欲放的小花蕾，花朵饱满，画面具有完美的整体感。花朵以奇数布局，有三朵、五朵、七朵之分。三朵者均匀分布。五朵、七朵者，以正中为一朵稍大型的花卉，四周均匀地摆设着四朵或六朵稍小的花卉，似众星捧月，突出主题。以花卉为题材的雕漆，花卉之下一般不刻锦纹，而以黄漆为地，黄衬红色，鲜明醒目。这种处理手法继承了元代雕漆的风格，但不同之处为元代以花卉为主题的作品，纹饰疏朗有致，留下的黄地空间较大，而明永乐雕漆，花卉满布，留下的黄色地较小，有紧密之感。明永乐雕漆常用的花卉有牡丹、茶花、石榴、芙蓉、菊花、莲花等。明永乐时还出现了双层花卉的雕漆作品，即在漆盘内上下雕刻两层花卉，如剔红牡丹双层盘、剔红茶花双层盘，上下两层花纹自成体系，互不干扰，又互相映衬，章法有致，画面富丽，耐人寻味，充分反映了明永乐时期工匠的高超技艺。

以山水、人物为主题的作品，一般雕刻在葵瓣式盘、蔗段式盒上。其图案的处理手法为在盘内或盒面上雕刻人物故事，图案下衬托分别代表天、地、水的三种锦纹。这三种锦纹与元代的处理手法相同，只是水纹的处理稍有变化。元代雕漆中的水纹有的似波浪滚滚，以弯曲的线条表现，仿佛水在不停地流动，而永乐时期的水纹基本固定为图案化的纹饰，以波折形线条表现。在三种锦纹之上雕刻人物、亭阁。一般的布局为图案的左侧或右侧雕刻一座亭阁，以曲栏围出一定的空间，阁后置古松或垂柳，天上点缀流云朵朵，人物活动其间。或携琴访友，或闲暇赏瀑，或高谈阔论，或五老相聚。多数反映的是文人士大夫清净、悠闲的生活。人物比例的雕刻偏于高大，以突出人物的重要。

除了雕刻花卉、山水、人物图案，明永乐时期的装饰题材尚有孔雀牡丹、云龙纹、云凤纹、灵芝螭纹等题材。

明永乐雕漆的款识处理与元代张成、杨茂漆器相同。明永乐雕漆的底，一般以黄褐色、黑色居多。款识在底内缘处竖刻"大明永乐年制"针划款，字体秀气，笔道纤细，似行书。在雕漆底部刻有明确的年号款识，以明永乐为开端。这为以后漆器款识的处理奠定了基础。

明永乐雕漆在制造技法和工艺上具有鲜明的时代特征。这时的作品一般髹漆层次较厚，少则几十道，多则上百道，与文献记载的"漆朱三十六遍为足"有明显的差异。其雕漆风格继承了元代张成、杨茂的风格，精雕细刻，藏锋清楚，隐起圆滑，细微之处处理得精细而又恰到好处。例如，花纹枝叶的纹理清晰而逼真，以不同的雕刻方法来表现枝叶的正背，花筋叶脉被处理得细腻入微，雕刻刀法娴熟流畅，图案的边缘磨得圆润光滑，不露棱角和刀刻痕迹。

（3）明宣德时期。明宣德皇帝在位仅有十年，此时制作的漆器仍以官办作坊果园厂为主。从传世的明宣德漆器看，品种有剔红、剔黑、剔彩、戗金彩漆等品种。明宣德雕漆的造型，盘有圆、方、荷叶式、菱花形，盒有蔗段式、蒸饼式、两撞委角方盒，另外还有盏托等。其装饰题材与明永乐时期基本相同，有花卉、云龙、云螭、山水、人物等。图案的处理出现了"开光"技巧。在盒盖上或盘内以莲瓣式、葵瓣式、圆形作为开光，开光内装饰一种纹饰，开光外装饰另一种纹饰。开光一方面能突出主题，另一方面也能把两种不同的纹饰分隔开来，同时也可起到美化画面的艺术效果。这种方法在明、清漆器图案中常被运用。

明宣德漆器重要的发展是剔彩漆器的出现。剔彩是雕漆中的一个品种。明黄成《髹饰录》中对剔彩的解释为"剔彩，一名雕彩漆。有重色雕漆，有堆色雕漆，如红花、绿叶、紫枝、彩云、黑石、轻重雷文之类，绚艳悦目"。《尊生八笺》曰："有五色漆胎，刻法深浅，随妆露色。如红花、绿叶、黄心、黑石之类，夺目可观，传世甚少"。剔彩漆器就是在器物上用不同颜色的漆，分层漆上去，每层若干道，使各色都有一个相当的厚度，然后用刀雕刻。剔彩的漆色一般有红、黄、绿、紫、黑等色。需要某种颜色时，便剔去在它以上的漆层，露出需要的色漆，并在它的上面刻花纹。最后雕刻成一器之上具备各个漆层的颜色，达到五色灿烂的效果。所谓红花、绿叶、紫枝、黄果、彩云、黑石就是用这种方法雕刻出来的。剔彩漆器是从何时出现的，文献中并没有交代清楚。据目前所见到的实物，最早的剔彩漆器便是明宣德剔彩林檎双鹂大捧盒。从这件作品的完美程度看，剔彩器物很可能在明宣德之前已出现，只是目前尚无足够的材料和实物证明。

戗金彩漆是"戗金"与"彩漆"相结合的一种漆工艺。在《髹饰录》一书中分为"戗金细钩描漆"与"戗金细钩填彩"。明宣德时期的戗金彩漆是指"戗金填彩漆"，而非描漆。其做法为在漆地上按照设计的图案剔刻出低陷的花纹，花纹之内填各色漆，充满之后全部磨平，显露出平整光滑的花纹来，然后沿着花纹轮廓用钩刀刻出纹路，花纹中间的叶脉纹理也同样用刀钩出，最后打金胶，贴金箔，使填漆花纹有金色的阴文边框和纹理。它的外貌与戗金细钩描漆极相似，不仔细辨认，很难区分，但前者因经过磨显，花纹比较光滑。

明宣德漆器的款识处理方法与明永乐时期截然不同，改明永乐针划款为明宣德楷书填金款。明宣德款大部分在器物的底部。有的在底部正上方刻横款，从右至左为"大明宣德年制"；有的在底部左侧竖刻"大明宣德年制"；也有的在器底的正中部位竖刻"大明宣德年制"。少数在盖上刻款。明宣德刀刻填金款成为明、清漆器款识处理的典范。

2. 明中期漆器

明代宣德以后，官办漆器作坊出现了停顿状态。造成停顿状态的直接原因，尚需进一步研究。学者们按照漆器发展的过程及漆器风格的变化，把明宣德以后的正统至正德年间（公元1436－1521年）划分为明中期。其间共八十余年，经历了明正统、景泰、天顺、成化、弘治、正德六朝。明中期的漆器开始从简练、朴实、大方的风格向纤巧细腻转变。这个时期的漆器品种有剔红、剔黑、剔彩、戗金漆等。明中期漆器以云南、甘肃制作的地方漆器较为突出。

这一时期雕漆作品的造型较之早期单调、划一的特点有了明显变化，出现了梅瓶、四方委角盒、八方形捧盒、提匣、碗、笔筒、方盒、方盘、大型的长方匣、长方盒、扁壶、高足碗、棋子盒等。这说明漆器的使用范围越来越大。其实用性和观赏性已完美地结合在一起。

明中期漆器的装饰图案更为丰富多姿。在以花卉为题材的作品方面，较之明早期果园厂那种整朵大型花卉为主题的装饰图案日趋减少，取而代之的是折枝花卉及花鸟题材的增多，如鸳鸯荷花、喜雀登梅、绶带牡丹、茶花小鸟、芦雁等。

以人物为题材的作品则不拘于早期那种携琴访友、观瀑的题材，而以历史故事为主。例如，五老过关、牧牛、文会、渭水访贤、携友秋游、渔家乐、采药、腾王阁、雀屏中选、郭子仪故事、岳阳楼、八仙人物、婴戏等。

明中期漆器的雕刻风格有的保持了早期磨工圆润、藏锋清楚的特点，而有的作品则出现了锋棱不够圆熟的特征。这说明了处于过渡时期的作品兼而有之的风格变化。此时，雕漆一般髹漆不厚，与早期那种髹漆层次厚、立体效果较好的风格略有不同。另一方面，无论是花卉题材或人物故事题材的作品均刻有锦纹，早期黄漆素地之上压花的做法几乎荡然无存，从而形成了锦上添花的表现手法。

有几件流传到海外的明弘治雕漆是这个时期惟一有年款的漆器,是极为重要的实物资料。据不完全统计,目前至少有四件明弘治时期由平凉王铭、王琰制作的雕漆。珍藏在英国大维德的剔红腾王阁圆盘,盘底雕王勃"滕王阁"诗句,在盘内楼阁的柱子上分别刻有"弘治二年"、"平凉王铭刁"款识。珍藏在美国弗利尔美术馆的剔红楼阁人物盒,圆形,上下对开,其上收成平顶、圈足,盖面雕楼阁人物图,在楼阁的柱子上刻有"平凉王铭刁"款识,没有具体纪年。珍藏在东京国立博物馆的剔红楼阁人物插屏,插屏两面均雕楼阁人物图,在建筑物的柱子上刻有"平凉王琰刁"款识。日本东方漆艺研究所藏剔红楼阁人物插屏,长方形,四周为紫檀木嵌银丝边框,插屏两面均在黄漆锦纹地上雕刻楼阁人物故事图,共刻画了七十一个人物形象,场面宏大,人物生动,描绘了达官贵人的生活场景。此插屏虽无款识,但据收藏者研究,该插屏与东京国立博物馆收藏的王琰雕漆插屏风格一致,故定为明弘治时期。这四件作品的造型虽有所区别,但所雕刻的内容极为相近,均为相同的楼阁人物图。款识的处理也很特殊,均刻在建筑物的柱子上。这几件作品并非出自官办作坊,而是民间作品。王铭、王琰很可能是当时民间有名的雕漆能手。遗憾的是关于两位作者的资料目前尚不清楚。平凉位于现在的甘肃天水附近。关于这一地区制作雕漆的情况目前知之甚少。

云南也是明中期制作漆器的重要地区。在明清漆器收藏极为丰富的北京故宫博物院中,有一批风格特殊的藏品。它们与明早期圆润光滑的漆器不同,也与明晚期漆器风格迥异。这批漆器划归何时,又是什么地方制作的,属于什么时期的作品,一直众说纷纭,莫衷一是。明天顺年间王佐补证的《格古要论》中有"剔红"一条："剔红器皿无新旧……今云南大理府专工作此。"在"堆红"一条中云："假剔红用灰团起，外用红漆漆之，故曰堆红，今云南大理府多有之。"王佐作注时为明天顺年间，正处于明中期。他知道云南大理做剔红和假剔红器，但没有详述云南所制剔红的形制、特点，只是肯定当时云南确实做过剔红漆器。明代高濂《燕闲清赏笺》中论及剔红器时指出："云南以此为业，奈用刀不善藏锋，又不磨熟棱角，雕法虽细，用漆不坚，旧者尚有可取，今则不足观矣。"明《万历野获编》中也指出："今雕漆什物，最重宋剔，其次本朝永乐、宣德果园厂者，其价几与宋埒。间有漆光暗而刻纹拙者，众口贱之，谓为旧云南。"这两段记载说明了云南雕漆的特点及作者对云南雕漆的评价。与这些文献记录相对比，北京故宫博物院藏的这批漆器确有与此相吻合之处。笔者见到的这批漆器一般髹漆较薄，漆色暗，无光泽，构图紧密，有繁缛之感。其造型有扁圆形盒、圆盘、双耳扁壶、高足碗、棋子盒、碗等。这些器物所雕刻的图案不拘泥于一种形式，丰富多彩，具有浓厚的地方特色。图案中点缀有栩栩如生的螳螂、蜜蜂、游鱼、蚂蚱、蛇、蛙等多种小生物，还有象征长寿的盘肠、灵芝，象征幸福的孔雀牡丹和活泼可爱的双狮戏球，传说中的麒麟翼龙、双螭、草尾龙等。这些图案具有明显的地方特色，雕刻风格正如上述文献所记载的那样"用刀不善藏锋，又不磨熟棱角"。由此可以认为它们具有云南雕漆的特点。故宫漆器研究专家李久芳认为，滇南和大理地区历史遗存的大量石雕和木雕制品，其题材内容与传世雕漆极相似，雕刻刀法的运用亦多相同之处。特别是花纹轮廓雕出之后，在处理纹饰细部时，多采用斜刀阴刻办法，线条流畅缜密而快利。这种雕刻技法同云南雕漆几乎是一脉相承的[5]。在传世雕漆作品中，有一件"滇南王松造"剔红盘，四方委角形。盘内雕殿堂两座，雕刻有宴饮、赏画、投壶等活动，称之为"文会图"。在盘内影壁上阴刻"滇南王松造"五字款。此盘内壁锦纹之上雕茶花、秋葵、栀子、牡丹。该盘的刻款方式独特，仅此一件。从其构图、磨工看，应为明中期的风格，却又与云南雕漆的风格不同。

3.明晚期漆器

经过明中期八十余年的缓慢发展，到明世宗嘉靖时期，漆器工艺出现了新的局面。这就是官办作坊继续大量制作漆器，具有宫廷风格的漆器制作重新占据统治地位；漆器风格经过近百年变化，从早期简练大方、圆润精致的风格演变为崇尚纤巧华丽、繁缛细腻的新风格；漆器的使用范围扩大，出现了箱、柜、桌等新的漆器造型；漆器品种增加，除了剔红、剔彩、戗金彩漆亦大量制作，漆艺发展进入了一个新的时期。学者们一般将明嘉靖、隆庆、万历及万历以后的漆器划分为明晚期漆器。

（1）明嘉靖时期。明嘉靖时期的漆器品种主要有剔红、剔彩、戗金彩漆。传世的明嘉靖漆器仍以剔红器居多。这一时期出现了大量的以绿漆为锦地，其上雕红漆的作品。红、绿二色醒目，对比强烈，起到了突出主题的效果。例如，剔红福禄寿岁寒三友图盒，通体绿漆水纹上雕红漆，盖面雕三石立于波涛之中，松、竹、梅缠绕而上，由其枝杆组成"福、禄、寿"三字，盒壁雕云鹤纹，盒底正中竖刻"大明嘉靖年制"刀刻填金款。明嘉靖时期的雕漆基本上有两种风格：一种为雕刻精细，刀法快利，锋棱虽显外露，但仍保持有明早期漆器那种圆润光滑的特征；另一种为雕刻不精，有粗糙之感，漆色亦不佳，不善藏锋，虽有磨工，但不圆润。

剔彩自明宣德时期出现以后，到了明嘉靖时期呈现出大规模发展的局面，传世品较多。明嘉靖剔彩主要以红、黄、绿三色交替，每色有相当的漆层。器物表面呈现出红、黄、绿三种颜色，一般是红花、绿叶。若双龙则以红、黄区分，以红色漆为龙鳍，以黄色为龙身，以绿色为龙发，似剪影式的效果；若凤纹则以红、黄、绿来表现其飞翅及长尾，三种颜色的变幻，似美丽的羽毛，多姿多彩；若表现童子，则以红、绿二色分饰衣、裤，以展现儿童的天真、活泼。明嘉靖时的剔彩与明宣德时期有所不同。明宣德剔彩的效果是磨显出来的，而明嘉靖剔彩则分层取色。例如，剔彩货郎图圆盘的内外漆层颜色自下而上为土黄、橙黄、黄、绿、红等五层。盘内中部刻老人手执拨浪鼓，后有货郎担，担前为方箱，后为圆筐，担上器物种类繁多，有铃、筝、锣、唢呐、纱帽、皮球、靴子、卷轴等数十件之多。幼儿八个，一个持碗，一个玩风车，两个玩陀螺，两个玩傀儡，一个肩扛另一个幼儿。货郎担后，以桃树为背景，枝上果实累累。人物色彩以红漆为主，兼用绿漆，红色为衣，绿色为裤。桃树则以绿色为叶，以红色为果实，仿佛自然界中的写真。盘内壁刻龙纹，盘背刻缠枝花。盘底为朱漆，正中竖刻"大明嘉靖年制"填金款。

明嘉靖时期的戗金彩漆比明宣德时期明显增多。此时的戗金彩漆造型有银锭式、梅花式、菊瓣式、方胜式等，制作工艺十分精致。以戗金为图案的轮廓线及叶脉纹理，在轮廓线内填以红、黄、绿等色漆，纹饰磨平后具有绘画般的效果。有一种戗金彩漆，先以填漆做成锦纹地，再戗金花纹，做法费工费时，但却使器物有锦上添花之妙。还有一种特殊的戗金彩漆作品，其花纹之外既不是一色漆地，也不是锦纹地，而是密密麻麻的小圆圈纹。这种小的圆圈纹被称为"攒犀"。《格古要论》"攒犀"条曰："攒犀器皿漆坚者多是宋朝旧做，戗金人物景致，用攒攒空闲处，故谓之攒犀。"这段话表明攒犀的做法宋代已有，且制作得较坚硬，另一方面攒犀是与戗金工艺一起使用的，而不是单纯的漆工艺。

明嘉靖时期器物的造型有所突破，出现了许多新的器形。盘类器物除了圆盘居多，亦有仿明早期的葵瓣盘、明中期的委角方盘，同时出现了六瓣盘、梅花式盘、银锭式盘、茨茹式盘、荷叶式盘、菊瓣式盘以及由大小三个盘依次套叠的套盘。明早期的"蔗段式"盒仍继续使用，只是比早期的略高一些，明中期使用的"捧盒"也较流行，新出现了钵式盒、寿字盒、银锭式盒、方胜式盒、梅花式盒等。此外，还出现了瓜棱壶、柜、笔筒、小桌、八方斗、春字盒、把镜等新的造型。

明代漆器中刻有年款的以永乐、宣德、嘉靖、万历最多，也有少量的隆庆、崇祯款识。明嘉靖漆器的款识为刀刻填金楷书款，款识的位置均在器物底部正中。"大明嘉靖年制"六字款有三种形式，即底部正中竖刻款、从右至左横刻款、竖两行刻款。

由于明世宗嘉靖皇帝信奉道教，所以明嘉靖时期漆器的装饰题材大都以长生不老、升仙、万寿为主题，如五老祝寿图、群仙祝寿图以及表现仙山楼阁的题材等。出现了以文字组成的图案。例如，以松、竹、梅缠绕组成"福、禄、寿"三字；以"福"字为漆盘的装饰；雕三个寿桃，每桃上雕一字，组成"福、禄、寿"；以开光的形式，在器物上组成文字"皇图亿载，圣寿万年"和"乾坤清泰，万寿齐天"以及"万年长生"、

"万年如意"、"万寿永年"等。寿春图是这个时期典型的装饰题材，并对清代乾隆的装饰图案产生了影响。春字盒有剔红、剔彩两种，在盖面开光内雕聚宝盆，盆内装有盘肠、珊瑚枝、银锭、古钱、犀角、火珠等，盆中升起霞光万道，似熊熊火焰，火焰之上压一个"春"字，春字中圆形开光内雕老寿星。以上几种题材的作品均与道教长生不老的主题相关。此外，寓意长寿的松树、仙鹤、灵芝、寿桃等也常常作为装饰题材，八卦图、麒麟、狮子、海马、大象、杂宝也是装饰题材的一部分。

与上述升仙、长生题材截然不同，还有少数具有民间艺术风格的"龙舟竞渡"、"货郎图"和"婴戏图"。龙纹仍然是这一时期漆器装饰的主要题材之一。

明嘉靖时期漆器的锦纹表现形式也有较大变化，突破了明早期的三种锦纹形式，出现了"万字锦"、"勾云锦"等。有的甚至雕刻出五、六种锦纹，锦纹的比例较大，形成了自己的风格。

（2）漆器专著《髹饰录》。明隆庆朝共六年，漆器风格没有大的变化，流传于世的作品较少。据不完全统计，至少有五件"隆庆款"的漆器。台湾故宫藏剔彩云龙纹梅花式盒、大英博物馆藏剔红龙纹圆盘、日籍华人李经泽先生藏剔红龙纹圆盘和剔红云龙纹圆盘均在器底正中竖刻"大明隆庆年制"楷书款，雕刻风格与明嘉靖雕漆一脉相承，具有宫廷特点。日本东京国立博物馆还珍藏一件红漆嵌螺钿龙纹盘，盘底刻"大明隆庆年御用监造"。明隆庆朝漆器并没有形成自己的风格与特点，但此时问世的漆器经典专著《髹饰录》却是中国漆器发展史上的重要著作。

我国第一部见于著录的专门漆书是五代时朱尊度撰写的《漆经》，可惜早已失传。现在能够看到的记述古代漆工艺的早期专著，就是《髹饰录》一书。《髹饰录》的作者黄成，号大成，又名黄平沙，是明代隆庆（公元 1567－1572 年）前后的一位著名漆工。明人高濂《燕闲清赏笺》云："穆宗（隆庆）时，新安黄平沙造剔红，可比园厂，花果人物之妙，刀法圆活清朗。"清人吴骞《尖阳丛笔》曰："元时攻漆器者有张成、杨茂二家，擅名一时。明隆庆时，新安黄平沙造剔红，一合（盒）三千文。"见于记录的仅有这些，黄成的生平事迹及传世髹漆实物尚待考证。《髹饰录》一书在明天启五年（公元 1625 年）又经嘉兴斜塘的著名漆工杨明逐条加注，并撰写了序言。黄成的《髹饰录》总结了前人和他人积累的经验，比较全面地记述了有关漆器工艺的各个方面。杨明为其作注后，丰富了大量资料，也具有很高的价值，内容更加翔实。《髹饰录》共分乾、坤两集，有十八章、一百八十六条。《髹饰录》一书对于今人了解中国古代漆器的发展、制作方法、漆器品种是一部重要的历史文献，同时也较全面地反映了明代漆器制作工艺的成就，具有重要的历史价值。"乾集"讲述了制作漆器的原料、各种工具及设备，对各种漆工容易发生的毛病及产生毛病的原因作了解释。这些对于现代漆器制作人员来说无疑是非常重要的。《髹饰录》也是一部研究漆器发展史的重要文献。书中记录了许多漆器品种的历史和来龙去脉，可以帮助人们认识其发展演变的过程。

值得一提的是，当今漆器研究专家王世襄先生的《髹饰录解说》变原书隐晦难懂为通俗易懂，对书中所谈的漆器工艺更容易理解，并引用了二百三十一件文物来说明问题，更为形象具体。他将自己多年的研究成果和《髹饰录》的内容结合起来加以分析研究，不仅提高了《髹饰录》原有的史料价值，而且使《髹饰录解说》成为一部重要的漆工艺研究著作，为我国古代漆器的研究做出了卓越的贡献。

（3）明万历时期。明万历时期漆器的生产制作较活跃，官办漆器作坊仍占据主要地位，漆器品种日渐丰富。除了剔红、剔彩、戗金彩漆仍继续制作，还出现了剔黄、描金漆、填漆等新的漆器品种，使漆器装饰变得更加丰富多彩。

明万历雕漆有剔红、剔彩、剔黄三个品种，在造型、图案、款识等方面形成了有别于其他时期的风格与特点。在器物造型方面，仍以盘、盒为主，兼有小柜、炉、花觚、瓶、笔筒等，并出现了长方委角盒这一新的造型。在装饰图案方面，明嘉靖时期追求升仙、长寿的题材不见了，取而代之的是双龙、龙凤、祥云、海水江崖为主题的图案，并出现了祈求吉祥、太平的吉祥图案，也有少数的表现人物、花鸟的题材，如剔彩晏子使楚漆盘、剔彩花鸟纹盒等。对锦纹的处理也较为独特，比例紧凑，细密整齐，明万历前后均无此特征。

明万历漆器款识的处理有别于其他朝代。此时的款识有两种情况：少数的漆器底部竖刻“大明万历年制”款，多数的漆器款识加有干支纪年，款识的位置一般在器底的正上方。据不完全统计，明万历漆器款识出现干支纪年的有十一种。按其先后顺序排列如下：

大明万历癸未年制：癸未，万历十一年(公元1583年)。

大明万历丙戌年制：丙戌，万历十四年(公元1586年)。

大明万历已丑年制：乙丑，万历十七年(公元1589年)。

大明万历辛卯年制：辛卯，万历十九年(公元1591年)。

　　大明万历壬辰年制：壬辰，万历二十年(公元 1592 年)。

　　大明万历乙未年制：乙未，万历二十三年(公元 1595 年)。

　　大明万历甲辰年制：甲辰，万历三十二年(公元 1604 年)。

　　大明万历丁未年制：丁未，万历三十五年(公元 1607 年)。

　　大明万历庚戌年制：庚戌，万历三十八年(公元 1610 年)。

　　大明万历癸丑年制：癸丑，万历四十一年(公元 1613 年)。

　　大明万历丙辰年制：丙辰，万历四十四年(公元 1616 年)。

　　笔者通过对所见的大量明万历漆器观察得知，"壬辰"、"乙未"二年的漆器数量最多，即明万历二十年至二十三年之间。

　　在漆器品种方面，以剔红、剔彩最多，且出现了少量的剔黄作品。

　　描金是漆器制作工艺中的一个品种。《髹饰录》中说："描金，一名泥金画漆，即纯金花文也。朱地、黑质共宜焉。其文以山水、翎毛、花果、人物故事等；而细钩为阳，疏理为阴，或黑漆里，或彩金像。"描金漆的做法是在黑漆地或红漆地上加描金花纹。沈福文先生撰写的《漆工资料》上具体介绍了描金银漆装饰的制作工艺过程："将打磨完的中涂漆，再髹涂红色漆或黑漆，这层叫做上涂漆。干燥打磨平滑后……推光达到光亮后，用半透明漆调彩漆。薄描花纹在漆器面上，然后放入温室，待漆将要干燥时，用丝棉球着最细的金粉或银粉，刷在花纹上，花纹则成为金银色。"

　　明万历描金漆器虽然传世的极少，但从北京故宫博物院收藏的黑漆描金龙纹药柜、描金龙纹戥子盒、黄漆地描金云龙长方香池等均可见明万历时期描金漆工艺的高超水平。

　　描金彩漆是"描金"加上"描彩漆"的做法，使一器具备两种漆工艺，画面绚丽多彩，富于装饰趣味。明万历时期的描金彩漆作品有圆盒、长方形墨盒，均以红漆为地描饰花纹。描金彩漆山水人物大圆盒是其代表作。

此外，明万历时期还有填漆、戗金填彩漆，花纹图案与雕漆基本相同。

（4）明晚期其他漆器。明晚期雕漆的制作和生产以宫廷制作为主，兼有民间制品。例如，剔红竹林七贤盘的底部有"万历癸卯守一斋置"字样，而此盘的雕刻风格与宫廷漆器有较大区别，用漆不厚。从其采用的图案看，追求浪漫、自由的生活，有浓厚的民间艺术风格，无呆板之气。类似的还有"万历丁未胡义置"、"万历丙午张春山置"等。有的注明是个人所购，有的则注家斋名号。明晚期雕漆以长方盒、高足碗、小碗居多。

明晚期剔犀漆器有黑面、朱面两种，器形有小圆盒、两层盒、圆盘、花形盘、盏托、执壶等。

款彩是在漆地上刻凹下去的花纹，再填色漆或油以及金或银，俗称"刻灰"或"大雕填"。款彩漆器一般胎子不宜太厚，以黑漆为地，先画出花纹轮廓，把轮廓以内的漆地剔去，再填以各色漆，纹饰有的略高于漆地，而有的则略低于漆地，有凹陷之感。据《髹饰录》记载："款彩，有漆色者，有油色者。漆色宜干填，油色宜粉衬。用金银为绚者，傅盼之美愈成焉。又有各色纯用者。又有金银纯杂者。"明晚期以款彩制成的漆器小至插屏，大至八扇或十二扇屏风。安徽省博物馆收藏的款彩楼阁园林漆屏风便是款彩的代表作，颇具明代徽派版画的风格。

填漆，就是在漆地上刻花纹，然后用各色漆填进去，再打磨平滑。填漆的方法有两种：一种是在漆地上直接镂刻出低陷的花纹，一种是在漆地上先用稠漆堆起阳文轮廓。前者用的较多。填漆梵文缠枝莲纹盒是典型的明代填漆作品。此外，还有长方形梵文盒、长方形双凤盒等。

明代嵌螺钿工艺仍继续制作。例如，南京博物院藏的嵌螺钿园林仕女图屏风是较大型的螺钿器物，小的作品有嵌螺钿缠枝花卉长方盘等。明晚期出现了一位镶嵌工艺名家——江千里，系明末扬州人，以制螺钿漆器出名。当时曾有"家家杯盘江千里"之说。中国历史博物馆收藏的"千里"款嵌螺钿锡胎执壶被认为是江千里的代表作[6]。以"千里"款为铭文的嵌螺钿漆器较多，真假混淆。笔者在河北正定文物管理所见到"千里"款仕女图小插屏五幅，应该是江千里的传世真品。

百宝嵌是漆器镶嵌的一种。钱泳《履园丛话》曰："周制之法，惟扬州有之。明末有周姓者，始创此法，故名周制。其法以金、银、宝石、真珠、珊瑚、碧玉、翡翠、水晶、玛瑙、玳瑁、车渠、青金、绿松、螺钿、象牙、密蜡、沉香为主，雕成山水、人物、树木、楼台、花卉、翎毛，嵌于檀、梨、漆之上。大而屏风、桌、椅、窗、槅、书架，小则笔床、茶具、砚匣、书籍，五色陆离，难以形容，真古来未有之奇玩也。"这段文字说明了百宝嵌制作的地点、时间、创始人、制作方法、装饰图案和制作的品种。百宝嵌作品始创于明末，而以清代制作的较多。

（三）清代漆器的品种和特点

清王朝是我国封建社会的最后一个朝代。其前期、中期政治统一，经济强盛。清道光年间以后，由于国内阶级矛盾和民族矛盾的日益深化以及西方列强对中国的掠夺，使中国进入了半封建半殖民地社会，清王朝也逐步走向灭亡。

清代康、雍、乾三朝的工艺美术品，如玻璃器、瓷器、珐琅器、金银器、玉器、漆器等，无不制作精美，装饰华丽，体现了清代"康乾盛世"的气魄和时代特点。清嘉道以后，工艺美术的发展进入了低谷。其造型、装饰和制作工艺等方面，水平明显下降，虽偶尔也有精巧典雅之作，但总体上来说，比清前期有明显的衰退。仅就漆器而言，在清康、雍、乾时期进入了漆器发展的黄金时代，主要体现在以下三个方面：

第一，清代漆器是对几千年的漆器传统工艺的继承与发展。明代《髹饰录》中涉及到的漆器品种，在清代已基本具备，而且又出现很多书中没有涉及到的漆器品种，如多种漆工艺的运用与结合。

第二，漆器制作得到了皇家的重视和提倡，形成了以造办处为主的宫廷漆器制作中心，并与地方漆器生产并存，共同发展，出现了互相影响、互相借鉴的局面。宫廷造办处集中了全国各地的优秀制漆艺人为皇家服务，而地方制作的具有浓厚地方特色的漆器也以进贡的形式进入宫廷，从而极大地促进了漆器工艺的发展和提高。

第三，清代漆器的制作和使用涉及到生活中的各个方面。尤以宫廷漆器最为突出，大至宫廷典章用品、陈设品，小到生活日用品、文房用品和赏玩用品。

目前，尚无经过考古发现的清代漆器问世。人们所见的清代漆器都是传世品，主要收藏在北京故宫。

1．清代宫廷漆器

最能代表清代漆器制作水平的是清宫造办处制作的漆器，现依据北京故宫所藏，介绍清代宫廷漆器的品种和特色。

（1）一色漆。一色漆是指器物表面上只髹一个颜色的漆器。明代《髹饰录》中提到的一色漆器有红、黑、黄、绿、紫、褐、金等色。清代制作的一色漆器有朱漆、黑漆和金漆等。

黑漆与朱漆是漆工艺中最常用的装饰手法，也是漆工艺中制作最多、最普及的品种。黑漆与朱漆是伴随着漆工艺的产生而出现的，清代继承了这一具有几千年历史的传统工艺，制作了许多黑漆与朱漆的器物。清代制作的黑漆与朱漆器以具有实用价值的器物居多。黑漆有圆腿书桌、条桌、膳案、香几、砚盒、捧盒、笔管等。朱漆的有书桌、痰盂、香盒、捧盒等。这一类漆器虽无任何装饰与花纹，却以其优美的造型和纯正的漆色取胜。其中清乾隆年间制作的脱胎朱漆盘、盖碗、盒，是朱漆中的代表作。

《髹饰录》谈到金漆的特点时说："金髹，一名浑金漆，即贴金漆也。无癍斑为美。又有泥金漆，不浮光。又有贴银者，易霉黑也。黄糙宜于新，黑糙宜于古。"金漆就是在器物上贴金的做法。贴金的方法有贴金、上金、泥金。清代以金漆制成的漆器最著名的就是陈设在太和殿象征皇权威严、神圣的金漆龙纹宝座、屏风等作品。在清代以金漆为地的漆器制作较多，其上又加其他的装饰工艺，如描金、描银、描漆等。这类漆器制品一般不划入金漆类。

（2）描金漆。描金漆有黑漆描金与朱漆描金两种。属于清早期的描金漆器较少，且均无明确的款识。只有一件黑漆描金勾莲龙纹盖盂，从其龙纹的特征分析，应为清康熙时期的作品。清雍正、乾隆时期曾制作了大量的描金漆器。属于清雍正时期的描金漆器代表作有雍正元年制作的盛放蓍草的黑漆描金大躺箱、"大清雍正年制"楷书款的黑漆描金百寿字碗、清宫档案中记载的描金加彩漆袱系盒等。清乾隆时期的描金漆器不仅数量多、器物造型变化多，而且黑漆描金、朱漆描金兼而有之，也有少数的紫漆描金、罩金漆等。黑漆描金作品以山水楼阁手炉、云龙纹竖匣、团龙凤圆盒、山水方胜式盘、团龙花卉圆盒、松石藤萝纹盘、花蝶镶玻璃攒盒、山水攒盒、祝寿图攒盒、梅花式几、菊瓣式盘、茶壶等最具代表性。紫漆描金的漆器较少，有紫漆描金花卉长方盒、海棠式盒、多穆盒等，件件均为制作精良的艺术珍品。罩金漆应称为"描金罩漆"，一般是在描金花纹上再罩一层透明漆，仍可看到描金花纹。这种技法在明晚期漆器中已有，以盘居多。清代继承了这一髹漆传统，制作的器物仍然以盘为主，描绘山水景色，或花卉配以诗句，如折枝月季花旁配以诗句"只有此花开不尽，一年长占四时春"。罩金漆既保护器物的金色不被磨损，又使花纹区别于描金，别具特色。

（3）描漆与描油。在描饰类漆器中，除了描金，还有描漆与描油。在明代《髹饰录》一书中分为描漆、漆画、描油三种。

描漆是早期漆器中最常使用的漆工艺，即在光素的漆地上用各种色漆绘出花纹的做法，又称"彩漆"、"描彩漆"。清代漆器中具有清早期风格的描彩漆有牡丹纹长方几。清雍正时期的描彩漆作品较多，其中"雍正年制"款的描彩漆有红漆地描彩漆云龙双连盘、花鸟圭式盘、云龙纹椭圆菊瓣盘等。以红漆描彩花鸟圭式盘为例，在清宫档案中就记录有该盘的制作时间："雍正三年正月初八日，总管张起麟交圭式红漆盘一件。说怡亲王谕：着照样放长五寸，做十个，底子照红漆盘内花样改画。钦此。"清乾隆时期描彩漆制品相对减少，带有款识的作品较少。属于清中朝的描彩漆有黑漆地描彩漆团龙圆盘、黑漆地描彩漆四方委角盒、云龙梅花式盘、黑漆地描彩漆四方委角盒。每个朝代制作漆器的品种是不同的，各有侧重点，如清雍正时期以描金、描彩漆作品居多。

漆画也是描漆的一种，只是色彩更为单纯更为写意。漆画是指用一种颜色漆在漆地上描绘花纹，再用黑漆、金漆或其他色漆勾描纹理。属于这一类的漆器以描漆葵瓣式盒制作较为精致。

描油是以油代漆，在漆器上画出花纹的做法。描油与描漆的不同之处是描油可以调制出任何颜色，色彩变化多，纹饰绚丽多彩，取得描漆达不到的艺术效果。描油的做法早在战国时就已使用。据考证，战国时用桐油或苏子油来调制漆，明代则使用密陀僧调油漆。明代《髹饰录》中谈到描油的特点为"其文飞禽、走兽、昆虫、百花、云霞、人物，一一无不备天真之色"。清代描油漆器均无款识。从其色彩之丰富、制作之精良的水平看，当为清乾隆时期之作。其代表性作品有花蝶纹长方盒、锦纹方盒、双龙纹方盒、万庆有余盒等。以描油龙纹委角方盒为例，此盒方形委角，通体髹深黄色漆地，盖面描紫漆"卍"字锦纹地绘双龙戏珠，盒壁绘云幅纹，委角处绘菱形锦纹。此盒使用了红、白、粉、黄、墨绿、草绿、橘红等色，色彩醒目鲜明，突破了漆器中常使用的红、黑两色，达到五彩缤纷、斑斓绚丽的艺术效果。

（4）描金彩漆。描金彩漆是描金与描彩漆两种漆工艺的合称。清代漆器的特点之一就是多种漆工艺的综合运用，即在一件器物上应用两种或两种以上的漆工艺。明代《髹饰录》中把这一类漆器归入"斒斓"类，杨明作注曰："金银宝贝、五彩斑斓者，列在于此。总所出于宋、元名匠之新意，而取二饰、三饰可相适者，而错施为一饰也。"清代的描金彩漆作品数量较多，造型丰富多彩，有实用品与观赏品两类。一般均以描金勾勒纹饰的轮廓及细部纹理，以彩漆描饰花纹，既金碧辉煌，又斑斓绚丽。用描金彩漆制成的漆器有盘、盒、杯、瓶、笔筒、几等。其中盘有葵瓣式、海棠式、菱花式，盒有万字盒、寿字盒、八角盒、葫芦盒、六瓣盒等。既有清乾隆时期的作品，也有清晚期之作。

（5）填漆。明代《髹饰录》"填漆"条曰："填漆，即填彩漆也。磨显其文，有干色，有湿色，妍媚光滑。又有镂嵌者，其地锦绫细文者俞美艳。"由此可知，填漆有"磨显"与"镂嵌"两种方法。填漆的做法为漆胎上髹漆以后，在漆面上雕浅而平的阴纹。雕成之后，以所需的色漆填入阴纹，填入之漆需浓厚或高出漆地表面，经磨显才能与原漆地平滑一体，再经推光而成。填漆作品表面平滑光亮，用手抚摸时感觉细腻而润滑，具有完美和谐的艺术效果。

填漆花卉纹小几是清康熙时期的漆器精品。几面为随意曲边形，四个曲腿下连落地圈足。通体髹赭黄色漆。几面作"卍"字锦纹地，其上饰玉兰花、月季花和蜻蜓，纹饰以红、白、绿、黑填漆而成，四腿上饰有葡萄、佛手、桃子等纹。小几玲珑别致，设计巧妙，几面以不同的弧度和曲线制成。清乾隆时期的填漆制品精美绝伦，有梵文勾莲两层方盒、八吉祥圆盒、花卉梅花式盒、福寿葫芦式盒、荷叶式盘、锦纹梅花式盒、锦纹提匣、锦纹嵌玉八角式盒等。以上数件填漆作品均制作精美，纹饰清晰，色彩或鲜艳、或富丽、或别致、或典雅，美不胜收。

（6）戗金彩漆。戗金彩漆是"戗金"和"彩漆"两种工艺同时施于一器之上。戗金彩漆有两种：一种是"戗金填彩漆"，一种是"戗金描彩漆"。这两种方法制成的漆器在清代同时存在，在鉴别其制作工艺时需仔细观察。这两种做法都是用"戗金"勾勒出花纹图案的轮廓及枝叶的细部纹理。

清代最早的戗金彩漆是康熙时期的器物。其中有戗金云龙纹方几、戗金云龙纹炕桌和戗金云纹葵瓣式盘等。清康熙戗金彩漆作品有的直接在漆地上饰花纹，有的则做成填漆锦纹地，在锦地之上再饰花纹。它们在制作工艺上虽有繁简之别，但从器物的装饰效果看，当以后者更佳，似"锦上添花"。清雍正时期的档案中记载当时曾制作了许多戗金彩漆漆器。遗憾的是保存下来的却不多，仅有一件戗金彩漆柿式盒是属于此时风格的作品。清乾隆时期的戗金彩漆器物造型丰富，装饰富丽堂皇，并在器物底部依据所饰图案的内容为器物定名。例如，双凤长盒、吉祥圆盘、八仙长盒、鹤鹿长盒、瑞草圆盒、如意宫盒、双喜方盒、菱花凤盒、海棠仙盒、万福凤盘等。从其所定器物之名可以看出，大都是与长寿、祝福有关的吉祥图案。此外，还有戗金彩漆寿春盘、银锭式盒、鱼式盒、桃式盒、云龙菊瓣盒、六瓣式盘等，均以其奇特的造型和富于变化的图案取得了形式和内容的协调统一。这类制作讲究的工艺品是清乾隆以后漆器工艺无法企及的。

（7）识文。"识"是凸起的意思，"文"是指花纹，"识文"

是指凸起的花纹。髹漆工艺中的识文是漆器中的一个品种。凡用漆或漆灰堆出的花纹而不再用刀加以雕琢的各种做法，均归入此类。在《髹饰录》中提到的识文漆器有两种：一为识文描金，一为识文描漆。

识文描金就是在用漆堆成的花纹上洒屑金、贴金或上金。它与前面讲过的描金漆是有区别的。描金漆的花纹是在器物表面，没有凸起，而识文描金的花纹高于器物表面，用手触摸，有凹凸不平的感觉，比描金漆更富于立体效果。识文描漆与识文描金的做法一样，只是改描金为描漆。清代遗存的实物中还有一种识文描银的做法，在明代《髹饰录》中没有涉及到。事实上，这三种识文漆的做法不是单独使用的，往往在同一件器物之上或描金、描银同用，或描金、描银、描漆共用。识文漆器以金漆地、紫红漆地最多，兼有黑漆、朱漆地的做法。

识文漆器的精品中金漆地的有识文描金漆蝴蝶式盒、识文描金银山水桃式盒、识文描金描漆花蝶八方盒、识文描金银花卉高足杯、识文描金八宝纹匣、识文描金银八仙庆寿圆盒、识文描金银菊瓣式盒、识文描金银海棠式瓶、识文描金银异国风光提匣、识文描金银瓜瓞绵绵瓜式盒、识文描金银暗八仙攒盒、识文描金银瓜果纹套匣，紫漆地的有识文描金团花匣、识文描金银福寿圆盒、识文描漆描金暗八仙方盒、识文描金银寿字碗、识文描金银海棠式攒盒，黑漆地的有识文描金明皇试马图挂屏、识文描金八仙人物碗、识文描金菊花壶，朱漆地的有识文描金福寿壶套等。

（8）嵌螺钿。清代的嵌螺钿工艺在继承明代传统的基础上有了长足的发展。嵌螺钿漆器的数量增多，造型丰富。既有大件的家具，也有小件的盘碗；既有嵌厚螺钿的，也有嵌薄螺钿，并出现了鲜艳的衬色螺钿。清代的嵌螺钿漆器有纯嵌螺钿的，也有与其他工艺如描金、彩漆等相结合的。

传世的清代嵌螺钿漆器中最早始于清康熙时期。其中黑漆嵌螺钿平头案、黑漆嵌螺钿龙纹箱、黑漆嵌螺钿书格、黑漆嵌螺钿职贡图盒，均是清早期嵌螺钿漆器的精品。

嵌螺钿漆器一般均无款识，故在鉴定其具体制作年代上难度较大，只能分出早、中、晚期而不能分出清雍正、乾隆时期。属于清中期嵌螺钿漆器的有许多，如嵌薄螺钿的有五子夺魁圆盒、博古图葵花形盒、仕女图碗、花蝶小几、婴戏如意式二层盒、葵瓣式二层盒、梅花式盒、海棠式盒等成套的嵌螺钿漆器。上海博物馆收藏有成套的水浒人物方盘、嵌厚螺钿锦纹经格、山水人物葵瓣式盘、亭阁山水插屏等，保存完整，制作精美。嵌厚螺钿的漆器有黑漆嵌螺钿花鸟炕桌、万福圆盒、团花攒盒、八宝双喜方盒、八宝纹四层套盒。另外，值得提到的精品是红漆地嵌螺钿团花攒盒，还有南京博物院收藏的衬色螺钿花卉盘。清晚期的嵌螺钿漆器制作虽完整，但花纹毫无生气，流于庸俗。能够代表清代嵌螺钿漆器制作水平的是清早期、中期的制品。

（9）百宝嵌。百宝嵌又有"周制"之称，始创于明代晚期的扬州。明代《髹饰录》中说："百宝嵌，珊瑚、琥珀、玛瑙、宝石、玳瑁、螺钿、象牙、犀角之类，与彩漆板子错杂而镌刻镶嵌者，贵甚。"所谓百宝嵌就是在同一件器物上有选择性地镶嵌多种经过加工的珍贵材料，从而达到突出主题、强化装饰效果的目的。百宝嵌所成的物象有两种不同的表现形式：一种是隐起如浮雕，一种是没有起伏与胎地齐平的。显然如浮雕者所产生的视觉效果更佳，图案具有立体感。

清代的百宝嵌漆器较之明代有了明显的增多。其代表性作品有紫禁城宫殿中陈列的挂屏、洗象图盒、双蝶盒、太平有象盒、五老观日出盒、山水海棠式套匣、吉庆有余八方盒等。以百宝嵌制成的文房用具也较多，如梅竹笔筒、四季花卉海棠式笔筒、万寿菊砚匣、三鸡图匣等。

（10）雕漆。自元明以来，雕漆作为漆器中的主要品种一直深受人们青睐。人们对于这一新的艺术表现形式情有独钟，不外乎有两个方面的因素：一是雕漆最能表现出物象的立体感，符合人们的审美情趣和欣赏标准；二是雕漆融绘画、雕刻、磨制、髹漆等多种工艺于一体，最能发挥髹漆艺人的聪明才智及鬼斧神工的技艺。清代也不例外。从档案记载和清宫遗存的漆器两方面都证明，清代制作的漆器中以雕漆最多。清代雕漆又以乾隆时期制作的最多，有剔红、剔黄、剔彩、剔黑、剔犀等品种，雕漆作品的范围几乎涉及宫廷生活中的各个方面。其中典章礼仪品有宝座、屏风、如意等；家具类有桌、椅、绣墩、柜、几等；陈设品有瓶、花觚、尊、插屏、天球瓶、炉瓶盒等；文房用品有笔筒、成套文房用具、笔管、笔匣等，还有大量制作精美的珍玩。

从清宫遗存的大量雕漆看，尚无清顺治、康熙、雍正年款的雕漆器，最早也最多的是清乾隆年款的作品，清嘉庆款的雕漆仅有一件，清嘉庆以后没有带年款的雕漆。目前，专家学者公认的清初雕漆有剔黄夔龙纹盘、剔犀寿字云纹尊。后者以青花凤尾尊为胎，尊底未髹漆，书"大明成化年制"款。瓷器专家认为，此尊显系清康熙时期的仿制器。此尊雕刻的云纹尚存古朴圆润之趣，故将其定为清康熙之作。

传世的清雍正漆器较多，有描漆、描金（仿洋漆）、金漆、描金彩漆等漆器品种，惟独不见雕漆。从养心殿造办处档案记载看，清雍正在位的十三年里曾尝试制做雕漆，但都没有成功。

清乾隆年间，养心殿造办处仍设有"油漆作"，负责制作皇家使用的各种漆器用品。御用雕漆却不是在造办处制作的，而是在苏州制作的。清宫档案中有明确的记载。苏州织造制作的雕漆，从器形、花纹、落款方式等都听从造办处的指挥，大多数情况下清乾隆皇帝都是亲自提出设计要求、尺寸大小。若不合格，还需要重新修改；若制作得精美，就受到皇帝的嘉奖。

清代雕漆继承了明代嘉靖和万历时期的风格，不善藏锋，刀痕外露，虽有磨工，但远不如明早期那般圆润光滑。尽管如此，清代前期雕漆工艺在表现形式之丰富、雕刻之精细等方面仍然超越了前代，达到历史的峰巅。

清嘉庆雕漆仅有一件带有款识的观鹅图笔筒，其雕刻刀法、图案风格均保持有清乾隆时期的特点。清嘉庆以后雕漆工艺日趋衰落。清光绪时技法失传，慈禧太后六十寿辰时令苏州承办漆器，惟雕漆一项无人能制作。民国时期，这项漆工艺有所恢复，偶有几家作坊制作雕漆。

此外，清代还有犀皮漆、款彩等漆器品种。在镶嵌类漆器中，还有嵌竹、嵌牙、嵌蜜蜡、嵌铜、嵌银丝等品种。

清代漆器的发展得到了皇帝的推崇。在清宫内，漆器的应用非常广泛。其中有象征帝王权力的宝座、殿堂和房间陈设装饰品、文房用品、饮食具、宗教法器、家具、化妆用具、乐器、吉祥器具、取暖用具以及日常用的盘、碗、盖盂、冠架等。总之，在清代，漆器已经渗透到宫廷生活的每一个领域，各地官员也将漆器作为重要贡品进贡朝廷。

2．清代地方漆器

清代的漆器制作以宫廷造办处为中心。造办处集中了全国各地的能工巧匠，具有雄厚的物质基础。由于不惜工本，所以制作出的漆器华丽精美，代表了清代漆艺的最高水平，同时也体现了皇家的艺术风格及审美情趣。除了造办处，全国还有许多地方也制作了具有浓郁地方特色的漆器，如扬州的镶嵌漆器、福建的脱胎漆器、山西的款彩漆器、贵州的皮胎漆器等，还有苏州、杭州、四川、广东、北京等地也都制作了各具特色的漆器。

（1）扬州。历史上的扬州就是重要的漆器制作地。到了清代，扬州是著名的商业城市，玉器和漆器享誉中国。能够代表扬州漆艺最高成就的是百宝嵌工艺。卢葵生便是扬州著名的髹漆艺人。卢葵生，名栋，字葵生，世籍江都（今扬州），清嘉庆至道光年间人。他家住扬州埂子街达士巷古榆书屋，曾捐江都监生，清道光庚戌年（公元 1850 年）卒，年过七十。葵生祖父卢映之是清康熙至乾隆年间人，精于百宝嵌工艺。钱咏《履园丛话》载："周制之法，惟扬州有之。乾隆中有王国琛、卢映之辈，精于此技。今映之孙葵生亦能之。"卢葵生传世作品以漆砂砚为主。《桥西杂记》云："漆砂砚以扬州卢葵生家所制为最精。葵生世其传，一时业此者甚众。凡文玩诸事，无不以漆砂为之，制造精良，雕刻山水花鸟之文，悉臻妍巧。"据扬州漆艺专家张燕女士四处寻访得知，传世的卢氏作品有四十余件。其中以文房用品居多，如漆砚盒、漆壶、笔筒、花盆、果盒、套盒、臂搁、琵琶等。卢葵生漆器作品常使用百宝嵌、浅刻，兼有填漆、戗金、描金、描漆等工艺。其百宝嵌作品所嵌料石极少珍贵的珠宝，而以螺钿、象牙、料珠、鸡翅木、岫岩石镶嵌而成，题材多为山石、野花、瑞禽、游鱼，巧妙组合，神态逼真。其中以故宫藏三雄图漆砚盒最具代表性。其浅刻作品有双骏图、柳燕鱼藻图、人物图等，以临摹新罗山人之作而著称，追求清淡雅致、疏朗洒脱的文人画效果[7]。

（2）福建。清代的福建以制作脱胎漆和木雕金漆而著称。清乾隆中期著名髹漆艺人沈绍安掌握了髹漆技巧，领悟到我国泥塑佛象和夹苎造法，因而创造出别具一格的脱胎漆器。据《闽侯县志》载"沈绍安漆器创自乾隆年间，绍安字仲康，始得密传，工作精致"。沈氏所制漆器在调料时除用油料冲淡原漆（黑漆）外，主要以金粉、银粉作调合料，解决了一般漆色干后变为黝黑，难与其他鲜色颜料调和的困难，调配出许多前所未有的漆色，如珊瑚红、淡黄色、橘黄色、白色、苹果绿、松绿等鲜艳的色彩。传世的福建脱胎漆器有描彩漆、描金彩漆，多塑造佛像及神话传说人物，兼有瓶、盒、花插、笔筒、杯等日常生活用品。沈氏一族除了沈绍安，其孙沈雨生于清嘉庆年间，也是颇具才华的沈氏传人。到清光绪年间其五代孙沈正镐、沈正恂继承祖传家业，制作出大型的脱胎器皿。他们曾两次将所制漆器贡入宫中，获得一等商勋、四品顶戴的赏赐[8]。直到目前脱胎漆器仍是福建享誉中外具有浓厚地方特色的工艺品。福建脱胎漆器在国内许多大博物馆中均有收藏，如北京故宫、上海博物馆、福建省博物馆、山东省博物馆等。

（3）山西。山西是我国漆器发源地之一，具有悠久的制漆工艺历史。清代的山西善制螺钿漆器、剔犀、款彩和罩金漆器。今天山西的平遥、新绛、太原仍制作彩漆、镶嵌和款彩漆器。山西制作的小柜、捧盒、首饰盒等曾以进贡的形式贡入宫廷。

(4) 贵州。清代的贵州以制作皮胎漆器而闻名于世。它作为地方漆器的一个品种贡入宫廷。清代雍正造办处档案中有这样一条重要的记录："雍正元年十月二十六日，奏事郎中双全交描金龙漆皮捧盒大小四十个，系贵州巡抚金世扬进。传旨：交养心殿。"这段文字确切地告诉人们，贵州所制作的漆器一改以往以木为胎的做法，而改用皮胎。皮胎漆器较之木胎体轻、韧度好。其制作方法为在牛皮胎上刷黑漆或朱漆作地，再在漆地上用金描绘花纹，有的则再罩上一层笼罩漆。这种作法在明代《髹饰录》中被称为"描金罩漆"。贵州所制作的皮胎描金漆器多为盘、碗、盆、盒等日常生活用品，实用价值颇高。

(5) 苏州。苏州是清代宫廷造办处制作雕漆的中心。清代宫廷的雕漆制品大部分都是苏州制作的，其造型、图案、款识直接受宫廷造办处指挥和控制。除了官办作坊直接为宫廷服务，地方漆器作坊也深受宫廷漆器影响，其雕刻风格是相同的。

(6) 杭州。杭州曾是南宋制漆的中心之一，有许多一家一户的漆器作坊。清代的杭州仍保留了过去的传统，漆器制作以一家一户为单位。目前材料所限，只知道杭州在晚清时期制作罩漆。

(7) 四川。在地方贡品中，四川进贡漆器的记录较少，只有清乾隆五十二年四川布政使王站柱进贡雕漆的记载。仅凭此一条，很难断定四川也制作雕漆。流传至今的漆器中有一件款彩方套盒是四川制做的，盒底有篆书"四川劝工局谨制"款。此盒构图简练，纹饰疏朗，线条流畅，采用了款彩与描彩漆两种漆工艺。从此盒的款识分析，这件漆器是清代中后期由四川的官办作坊制作的，较为精致，形制也别出心裁。

（8）广东。广东是清代重要的对外贸易港口，也是清代制作多种工艺品的著名之地。广东制作的象牙、家具、珐琅、玻璃、玳瑁、鼻烟壶等制品享誉京城，也是广东官员向清宫进贡的主要工艺品。广东阳江市制作有别具一格的漆器，如描金花鸟长方匣，匣为木胎糅漆制成，匣内又衬皮胎，匣外以堆漆雕花而成，雕刻凸起锦纹地，在凸起处又描金，匣面饰梅花、喜雀、蝴蝶，匣内有纸条上写"怡合和"和"店在阳江城内，里仁闸上开张□造家用皮箱"。这件漆盒的工艺虽不很精致，但它的做法在清代漆器中却独树一帜，代表着一个地方的漆器品种。与此相同风格的漆器在安徽省博物馆也有收藏。

（9）北京。北京漆器以雕漆为主。清乾隆以后，雕漆工艺如同清代其他工艺一样日渐衰落。公元 1900 年，八国联军入侵北京大肆抢掠，使宫内不少的雕漆作品或被焚毁，或者流失。清光绪、宣统年间，北京的德诚局、甫润斋等作坊对流落民间的清乾隆雕漆曾有过研究。此外，继古斋有三位师傅也制作雕漆，但他们制作的雕漆不仿古代，有其独特的做法。这几家仅有的雕漆字号的产品在当时销路很广。每年慈禧过生日时，许多大臣也购买北京雕漆作为贵重礼品贡入皇宫。民国年间，德诚局与甫润斋的产品主要供应国内市场，而继古斋的产品主要是出口。由于雕漆工艺在国内外有越来越大的声誉，销路广，在民国年间的北平，雕漆行业由两、三家发展到二十多家，从业人员也由二十多人扩大到二百余人[9]。

注　释

[1] 刘若愚《明宫史》，北京出版社 1963 年版。

[2] 山东省博物馆《发掘明朱檀墓纪实》，《文物》1972 年第 5 期；杨伯达《明朱檀墓出土漆器补记》，《文物》1980 年第 6 期。

[3] 孙宗璟、姚世英《江苏省江阴县明墓出土戗金漆盒等文物》，《文物》1985 年第 12 期。

[4] 王世襄《中国美术全集·漆器》，文物出版社 1989 年版。

[5] 李久芳《明代漆器的时代特征及重要成就》，《故宫博物院院刊》1992 年第 3 期。

[6] 石志廉《明江千里款嵌螺钿黑漆执壶和明紫檀雕十八学士长方盒》，《文物》，1982 年第 4 期。

[7] 张燕《扬州漆器史》，江苏科学技术出版社 1995 年版。

[8] 郑朝铨《沈氏漆艺世家传略》，《福建工艺美术》1986 年第 3 期。

[9] 胡增瑞《乾隆以后雕漆工艺的兴衰》，《故宫博物院院刊》1960 年第 2 期

九 二十世纪中国古代漆器研究与著录概况

　　20 世纪 50 年代以前，由于出土漆器的罕见，所以对中国古代漆器的研究与著录也非常少。现在能够看到的著录只有中华书局 1936 年出版的郑师许的《漆器考》。该书分为六个部分。作者利用有限的考古资料和部分历史文献，简要地阐述了古代漆器的发展概况，并对部分漆器品种进行了考证。书中特别对明代黄成所著《髹饰录》作了重点介绍。尽管该书受历史条件的制约，对漆器的研究、考证比较浅显，但它在漆器研究的历史上仍然占有显著的位置。

　　20 世纪 50 年代以后，随着新中国考古事业的发展，大量的古代漆器先后出土，为漆器研究提供了准确的第一手资料。对古代漆器的研究与著录主要在 80 年代以后。先后有数部研究漆器的专著与大型图录出版，从而为漆器的研究提供了更为详实的资料和清晰的图像。下面介绍几部对漆器研究具有重要意义的著录：

　　1.《髹饰录解说》，王世襄著，文物出版社 1983 年版。

　　该书对我国现存惟一的古代漆工专著《髹饰录》作了全面而详细地注释和讲解，是我国 20 世纪以来具有很高学术水平的传统漆工艺研究专著。

　　明代漆工黄成的《髹饰录》是漆工经典著作，内容广泛，涉及髹饰历史、原料、工具、技法、品种及漆工禁忌与过失等方面。它虽经明代漆工杨明作注并丰富了它的内容，但还是不易被后人读懂。当代学者王世襄前后用了二、三十年的时间，通过对古代漆器的分析研究和对现代漆工匠师的请教访问以及对历史文献的考证，用通俗易懂的语言对《髹饰录》作了深入浅出的注释、讲解和研究。它是了解和研究古代漆器的必读之书。

2.《中国古代漆器》，王世襄编著，文物出版社 1987 年版。

《中国古代漆器》是我国近现代出版史上第一部按时代顺序编选的有关古代漆器的专题图录。它与《髹饰录解说》同是我国有关漆器工艺研究方面的重要专著。

该书选录了我国自新石器时代至清代晚期的不同品类的漆器精品一百五十余件，其中有考古发掘的地下藏品，还有皇宫御用国宝和古代相传的私人家珍。该书图版部分选录彩色图片连同细部特写一百四十二幅、黑白图片连同细部特写六十六幅，在一定程度上反映了我国历史上漆工的艺术造诣和工艺成就。此书图版说明对所选漆器一一作了较详细地描述与品评，有助于读者欣赏与借鉴。前言部分则论述了中国传统漆工艺的发展，并结合漆器的品类、造型、胎质、纹饰和镶嵌等方面作了细致的论述，从中可以了解到我国各个历史时期漆器的特点以及当时的社会风俗。

3.《故宫博物院藏雕漆》，故宫博物院编，文物出版社 1985 年版。

故宫博物院收藏的元明清雕漆十分丰富。该书选编了其中的精品三百一十件。从器物的造型、图案内容、雕刻技法等方面比较系统地反映了各个时期的艺术风格和特点。在编选过程中，故宫博物院的研究人员曾对元明清雕漆进行过大量的调查研究，在此基础上对所选录的作品的时代进行了认真的审定，对其历史发展作了较深入的分析。这些作品原属宫廷秘藏，多是难得的艺术珍品。其中大部分是首次发表，是研究元明清雕漆的珍贵资料。我国漆器研究专家王世襄先生为本书撰写了元明两代的器物说明，故宫博物院漆器研究专家李久芳撰写了前言和清代器物的说明。该书由于受到当时条件的制约，图版部分彩色照片少而黑白照片多，影响了器物的清晰度。

4.《中国美术全集·工艺美术编 8·漆器》，王世襄、朱家溍编著，文物出版社 1989 年版。

《中国美术全集》分绘画编、雕塑编、工艺美术编、建筑艺术编、书法篆刻编五部分，每编又分若干册。《漆器》卷为其中之一。该书分为三部分，即专论、彩色图版、图版说明。该书对国内现存的上起新石器时代，下至清代的各类漆器均精选收录。其中元代以前的漆器，以考古发掘品为主；元代以后的漆器，则以各地博物馆珍藏的传世品为主。此书选录的漆器按时代顺序编排，同时尽可能将同类漆器适当集中。我国漆器研究专家王世襄先生为该书撰写了《中国古代漆工艺》一文。该文从六个方面论述了古代漆器的发展脉络与沿革，有助于读者了解和掌握古代漆器的发展历史。

5.《中国美术分类全集·中国漆器全集》，福建美术出版社1994 年版。

《中国漆器全集》共六卷，即先秦、秦、汉、三国－元、明、清。其内容分为三部分，即专论、彩色图版和图版说明。每卷按年代顺序编排，尽量选入近年发掘出土的漆器资料。元代以前的文物以考古发掘品为主，元以后的文物以各地博物馆、文物考古研究所等珍藏的传世品为主，并收入了少量的日本收藏的中国漆器。该书收入了从先秦到明清时期的漆器约一千二百件，是 20 世纪 90 年代对古代漆器研究成果的归纳和总结。

6.《中国漆艺美术史》，沈福文编著，人民美术出版社 1992 年版。

该书按历史朝代简略地介绍了中国漆艺继承与发展情况，对每一历史阶段的漆艺装饰技法和艺术风格的衍变作了概括的介绍和论述。特别是对我国现代各地区的漆器工艺的概况以及各自的漆艺技法、风格、特点、品种等分别作了介绍。该书是阐述中国漆艺美术在各朝代发展历史的一部专著。

7.《扬州漆器史》，张燕著，江苏科学技术出版社 1995 年版。

该书引用了大量的考古发掘资料和文献史料，对扬州漆器技艺的孕育、发轫、成型及其繁盛进行了探讨与研究，并对扬州地区近现代漆器的发展作了介绍。该书是我国第一部较为系统地介绍某一地区漆器发展历史的专著。

参 考 文 献

历史文献

1．明·陶宗仪《辍耕录》，广义堂藏版。

2．明·曹昭、王佐《新增格古要论》，中华书局 1985 年版。

3．明·高濂《尊生八笺》，明万历年间刊本。

4．明·刘侗、于奕《帝京景物略》，北京古籍出版社 1982 年版。

5．明·沈德符《万历野获编》，中华书局 1997 年版。

6．明·陈继儒《妮古录》，丛书集成初编 1558 册。

7．明·谢坤《金玉琐碎》，美术丛书三集第八辑 14。

8．明·陈霆《两山墨谈》，惜阴轩丛书本。

9．清·张应文《清秘藏》，《丛书集成续编－94》，新文丰出版公司。

10．清·叶名澧《桥西杂记》，《丛书集成初编－2967》，新文丰出版公司。

11．清·阮葵生《茶余客话》，中华书局 1959 年版。

12．清·刘若愚《明宫史》，北京出版社 1963 年版。

13．清·钱咏《履园丛话》，中华书局 1997 年版。

14．清·高士奇《金鳌退食笔记》，北京古籍出版社 1980 年版。

15．《嘉兴府志》，清康熙二十四年刊本。

专著与论集

16．郑师许《漆器考》，中华书局 1936 年版。

17．中国科学院考古研究所《长沙发掘报告》，科学出版社 1957 年版。

18．郭宝钧《浚县辛村》，科学出版社 1964 年版。

19．文物编辑委员会《文物考古工作三十年》，文物出版社 1979 年版。

20．日·西冈康宏《中国的螺钿》，东京国立博物馆 1981 年版。

21．王世襄《髹饰录解说》，文物出版社 1983 年版。

22．楚文化研究会《楚文化考古大事记》，文物出版社 1984 年版。

23．湖北省荆州地区博物馆《江陵雨台山楚墓》，文物出版社 1984 年版。

24．王仲殊《汉代考古学概说·汉代的漆器》，中华书局 1984 年版。

25．中国社会科学院考古研究所《新中国考古发现与研究》，文物出版社 1984 年版。

26．田自秉《中国工艺美术史》，知识出版社 1985 年版。

27．俞伟超《先秦两汉考古学论集》，文物出版社 1985 年版。

28．湖北省荆州地区博物馆《江陵马山一号楚墓》，文物出版社 1985 年版。

29．故宫博物院编《故宫博物院藏雕漆》，文物出版社 1985 年版。

30．河南省文物研究所《信阳楚墓》，文物出版社 1986 年版。

31．左德承《云梦睡虎地出土秦汉漆器图录》，湖北美术出版社 1986 年版。

32．王世襄《中国古代漆器》，文物出版社 1987 年版。

33．李正光《汉代漆器艺术》，文物出版社 1987 年版。

34．《海外遗珍·漆器》，台北故宫博物院 1987 年版。

35．湖北省博物馆《曾侯乙墓》，文物出版社 1989 年版。

36．李一之《中国雕漆简史》，轻工业出版社 1989 年版。

37．《中国美术全集·工艺美术编 8·漆器》，文物出版社 1989 年版。

38．湖北省荆沙铁路考古队《包山楚墓》，文物出版社 1991 年版。

39．河南省文物考古研究所《淅川下寺春秋楚墓》，文物出版社 1991 年版。

40．日本松涛博物馆 10 周年特别展《中国的漆工艺》，1991 年版。

41．湖北省宜昌地区博物馆《当阳赵家湖楚墓》，文物出版社 1992

年版。

42．湖北省博物馆《湖北出土战国秦汉漆器》，香港中文大学文物馆1994 年版。

43．《中国美术分类全集·中国漆器全集》第 1－6 卷，福建美术出版社 1994—1998 年版。

44．张燕《扬州漆器史》，江苏科学技术出版社 1995 年版。

45．陈振裕《楚秦汉漆器艺术》，湖北美术出版社 1996 年版。

46．湖北省文物考古研究所《江陵望山沙冢楚墓》，文物出版社1996 年版。

47．沈福文《中国漆艺美术史》，人民美术出版社 1997 年版。

48．聂菲《中国古代漆器鉴赏》，四川大学出版社 2002 年版。

论   文

49．王世襄《扬州名漆工卢葵生和他的一些作品》，《文物参考资料》1957 年第 7 期。

50．袁荃猷《谈犀皮漆器》，《文物参考资料》1957 年第 7 期。

51．王世襄《中国古代漆工杂述》，《文物》1979 年第 3 期。

52．陈晶《记江苏武进新出土的南宋珍贵漆器》，《文物》1979 年第3 期。

53．杨伯达《明朱檀墓出土漆器补记》，《文物》1980 年第 6 期。

54．殷玮璋《记北京琉璃河遗址出土的西周漆器》，《考古》1984 年第 5 期。

55．陈绍棣《战国楚漆述略》，《中原文物》1986 年第 1 期。

56．王世襄《对犀皮漆器的再认识》，《文物》1986 年第 3 期。

57．陈振裕《试论战国时期楚国的漆器手工业》，《考古与文物》1986 年第 4 期。

58．郭德维《我国先秦时期漆器发展试探——兼论曾侯乙墓漆器特点》，《江汉考古》1988 年第 3 期。

59．陈振裕《楚国漆器的装饰艺术》，《中原文物》1989 年第 4 期。

60．张燕《晚清髹漆艺人卢葵生及其艺术成就》，《故宫博物院院刊》

1989 年第 4 期。

61. 李久芳《明代漆器的时代特征及重要成就》,《故宫博物院院刊》1992 年第 3 期。

后　记

　　几年前，当我接到国家文物局这个课题时，既很感兴趣，又有一些担忧。我从事古代漆器的管理与研究已近二十年，在国内外博物馆也看到许多古代各个时期的漆器。我早有一个想法，就是将古代漆器的所有资料，包括出土的和传世的，尽己所能搜集起来，以便从事古代漆器的系统研究。何况已有前辈专家学者们的研究著作和大量的考古发掘资料，为我研究提供了极其重要的条件。但是，我对考古工作缺少亲身实践的经历，对一些出土的实物资料接触不多，因此，也在一定程度上限制了研究的深度。

　　现在呈现在读者面前的这本书，是以历史发展为序，将重大的考古发现按照出土时间、出土地点进行分类，并对每个时期漆器的特点做了总结与概括。本书的重点是从新石器时代到元代，但为了使读者对整个古代漆器有所了解，故将以传世品为主的明、清两代漆器的发展概况作了简要介绍。

　　在我国古代文化研究领域中，对古代漆器的研究是比较薄弱的，专门从事研究的人员很有限。但对古代漆器的研究确实需要重视，因为漆器同样是我国古代博大精深文化的组成部分。实际上，漆器不仅可以从另一角度弥补历史研究和其他器物研究的不足，而且漆器研究课题中也尚有许多问题期待着新的考古发现来加以印证。例如，文献中记载的雕漆产于唐代，而出土的雕漆都是宋代的器物。唐代是否有雕漆，还是记载有误，这就需要用科学的考古发现来证明。

在写作过程中，我得到了本丛书执行主编朱启新先生的不断鼓励。他对此书的体例、章节及文字的斟酌与推敲，对我帮助很大，其认真的精神也使我很受感动。同时，我还得到了大学校友、同事铁琪小姐以及我的先生张健的支持和帮助。在此，我对他们表示由衷的感谢。

鉴于个人能力和时间所限，书中定有不少疏漏之处，恳请专家、学者、读者批评指正。

图书在版编目（CIP）数据

古代漆器/张荣著．－北京：文物出版社，2005.6
（2022.5重印）
（20世纪中国文物考古发现与研究丛书）
ISBN 978-7-5010-1737-9

Ⅰ.古… Ⅱ.张… Ⅲ.漆器（考古）-研究-
中国-古代　Ⅳ.K876.74

中国版本图书馆CIP数据核字（2005）第031956号

20世纪中国文物考古发现与研究丛书

古代漆器

著　　者　张　荣

封面设计　张希广
责任印制　苏　林
责任编辑　周　成
出版发行　文物出版社
社　　址　北京市东城区东直门内北小街2号楼
网　　址　http://www.wenwu.com
经　　销　新华书店
制版印刷　文物出版社印刷厂有限公司
开　　本　850mm×1168mm　　1/32
印　　张　8.5
版　　次　2005年6月第一版
印　　次　2022年5月第二次印刷
书　　号　ISBN 978-7-5010-1737-9
定　　价　40.00元

本书版权独家所有，非经授权，不得复制翻印